現代社会福祉要説

編 著
松井 圭三・今井 慶宗

ふくろう出版

はしがき

　2020（令和２）年９月に安倍首相から菅首相へ政権が変わり、コロナの終息と経済の立て直しが急務となっている。コロナ禍の現状をどう打開し、国民の生活や健康をどのように保障していくのか、この政権の使命は国民の注視の的となっている。また、政府と自民、公明の与党による福祉政策立案もきわめて重要である。これから、菅首相が安倍政権の継続としてのスガノミクスを、成長戦略としてどのように展開していくのかが問われている。

　これまでは、アベノミクスにより、「円安誘導」、「デフレ克服」がなされ、株価が上昇しているほか、自動車産業等の輸出増大により、大企業等は戦後最高の増収、増益であった。

　しかし、国民全体を見渡せばコロナ禍の影響により、飲食業、宿泊業、サービス業等が不況に陥り、失業者が増大し生活問題が大きな社会問題となっている。また、規制緩和の影響と資本の効率化、利潤増のため非正規雇用は増大して３人に１人となり、全給与所得者に占める年収300万円以下の者の割合は約40％に上るのが現状である。加えて、保護者等の所得減により、「子どもの貧困率」は13.5％に上り、７人に１人は貧困状態である。また、地方も「少子高齢化」により、人口が急激に減り、衰退の道を歩んでいる。

　最近の社会動向を述べたが、「社会福祉」はこれらの生活課題に対するものであり、私たちは憲法第25条（生存権）に基づいて、健康で文化的な最低限度の生活を営むことが権利として保障されている。つまり、私たちはどんなことがあっても、「人間らしい生活」を送ることができるのである。できなければ、国や自治体に対して生活保障を要求しなければならない。

　本書『現代社会福祉要説』は、私たちの生活を保障する制度、サービス等をわかりやすく解説している。そして、現在の社会状況を概観し、誰もがわかるように平易な用語等を使用した。ここでの記述内容は私たちの生活に対する人権保障を解説しているのである。現実社会において、この人権が侵されないよう私たちは普段から社会を監視しなければならない。

本書は「社会福祉士」、「精神保健福祉士」、「介護福祉士」、「保育士」等を養成する大学、短大、専門学校で学ぶ者を対象としたが、一般の方にもぜひお読みいただきたいと思っている。

　最後にふくろう出版の亀山氏になにかとお世話になった。この紙面を借りて感謝申し上げたい。

2021（令和3）年4月1日

松井　圭三

今井　慶宗

目　次

はしがき

第1章　現代社会と社会福祉

第1節　少子化社会の到来

1．少子化社会の背景

　わが国の経済社会は戦後大きく変化した。特に1960年代以降の高度経済成長により工業化、産業化、都市化、核家族化が進展し大量生産、大量消費社会が到来した。

　加えて市民の労働生活も農業、漁業の従事中心から会社、工場等に従事する雇用者に変化した。住宅もスプロール化現象により、市民の住まいも郊外へと移ることになり、職住がますます分離することになった。

　家族の形態は従来のような多人数である直系家族から夫婦中心の家族へと変化し、これまでの家族の絆や扶養能力は減退し、家族機能が縮小する方向へと変化した。

　またこの高度経済成長期以降、先述した工業化、産業化により雇用者を企業等が必要としたため、農村にいた人々が都市へと流出し、都市では過密、地方では過疎問題が露呈することになったのである。

　このような経済社会の変化は、特に男女役割分業（ジェンダー問題）を生む要因となり「男性は仕事」、「女性は家庭」という役割を担うことになった。

　しかし1973(昭和48)年の石油ショック以降、わが国の経済は低迷し、これまでの右肩上がりの経済に終止符を打たざるをえなかったのである。この影響により雇用者の給与は伸び悩み、今では1人の男性が妻子を扶養する稼得力は期待できなくなり、男女の役割分業に軋みが生じてきた。

　また女性の意識の変化、高学歴化等により社会参加する女性が増大し、

1986（昭和61）年に施行された「男女雇用機会均等法」により、女性の社会参加が一層進展し、男性も女性も仕事や家族に参加する男女共同参画社会の構築が叫ばれるようになったことも重要な社会現象である。

　少子化社会を考えた場合、このような経済社会の変化についてまず理解することが肝要である。次節ではわが国の少子化の原因、現状についてのポイントを紹介する。

2．わが国の少子化の原因

　少子化の原因は諸々考えられるが、ここでは一般的要因についてふれる。まず少子化の原因の１つとしては未婚化、非婚化があげられる。例えば平均初婚年齢を見ると男性は31.1歳前後、女性は29.4歳前後である（2018年）。女性が生む１人目の年齢は各種の統計から30歳前後になっている。また30歳代前半においても男性で約47％程度、女性は約35％程度が未婚である（2018年）。

　２つめは子育て費用のコストであり、特に子どもにおける教育費の増大が少子化に拍車をかけていると思われる。種々の銀行の調査では子育て費用が約2,000万円程度と算定されており、子育て費用が家計に大きな負担となっていることが理解できる。

　３つめは保育所の未整備と育児休業取得の困難さをあげることができる。現在の保育所は現在でさえ待機児童が存在しており、2020（令和２）年４月では１万2,439人が保育所に入所できない。さらに延長保育、夜間保育、休日保育、病児・病後児保育がまだ未整備であり、保護者の保育ニーズ（要望）に対応していない。加えて育児休業は現在、最高で２年まで取得可能であるが、中小、零細企業等で勤務する女性従業者は十分な育児休業が取れていない。特に最悪なのは男性がこの休業を全体の7.48％（2019年）しか取得していないことで、これは大きな社会問題と言わざるをえない。

　４つめは先述した男女の役割分業が少子化に影響を与えていることである。女性は仕事に加えて育児、家事労働に従事しており、いわゆる育児、家

事等の影の労働（アンペイドワーク）も大きな社会問題であることを私たちは認識しなければならない。

　最後に家族の機能が縮小し、家族の扶養能力の弱体化も付け加えておきたい。2019(令和元)年には約21万カップルが離婚している。１年あたりの婚姻数の全体の３分の１が家族崩壊している現状において家族の再生や父親、母親になるための親業教育が重要な解決策のキーワードになることを強調したい。

3．少子化の現状

　１人の女性が一生涯に生む子どもの数を合計特殊出生率というが、このデーターを取る調査が1947(昭和22)年から行われている。当時は第１次ベビーブームであり、合計特殊出生率は4.54人であった。戦後数年は出生率は上昇していたが、その後若干の上下変動はあるものの1975(昭和50)年以降、合計特殊出生率は２人を割り、2019(令和元)年現在1.36人であり、少子化の傾向は続いている。

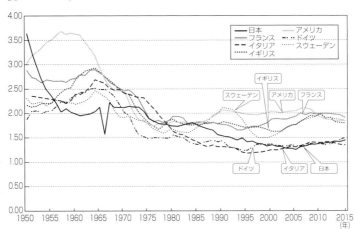

資料：1959年までUnited Nations "Demographic Yearbook" 等、1960年以降はOECD Family database
　　　(2017年5月更新版)及び厚生労働省「人口動態統計」を基に内閣府作成。

図１−１　日本と欧米諸国の合計特殊出生率の推移と比較

〔出典：内閣府Webサイト、https://www8.cao.go.jp/shoushi/shoushika/
whitepaper/measures/w-2017/29pdfhonpen/pdf/s1-5.pdf (2018. 12. 10 アクセス)〕

次に出生数であるが、戦後270万人をピークに減りはじめ、第2次ベビーブームである1971(昭和46)年以降5年間は200万人程度で推移していたが、以後減少し、2019(令和元)年時点では約86万人程度で落ち込み、出生数は減少傾向にある。ゆえに何らかの子育て支援策がなければ、ますます少子化が進展するため、今こそ抜本的な子育て支援、少子化対策が求められている。

第2節　高齢化社会の到来

1．高齢化社会の背景

最初にわが国の少子化の影響や現状について述べたが、ここでは高齢化の背景や現状について説明する。

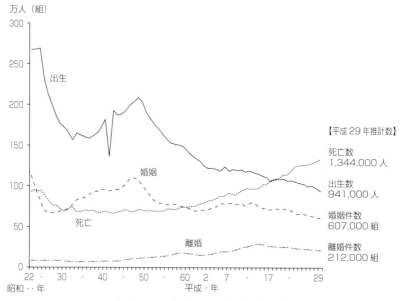

図1−2　人口動態総覧の年次推移

〔出典：厚生労働省Webサイト、平成29年（2017）人口動態統計の年間推計、https://www.mhlw.go.jp/toukei/saikin/hw/jinkou/suikei17/dl/2017suikei.pdf，p.3（2018.12.10 アクセス）〕

　わが国の人口ピラミッド構造は現在はつりがね型であるが、近い将来は逆ピラミッド型に変化すると言われている。このまま推移すれば高齢者を若年層がいかに支えるかが大きな課題となると言える。

　さらに今日の医学の進展や栄養改善、疾病予防等により平均寿命も伸びており、戦後の平均寿命50歳代から現在は男性約80歳、女性は約87歳であり世界においても長寿国になっている。

2．わが国の高齢化の現状と特徴

　わが国の高齢者数は2019（令和元）年現在約3,617万人であり、全体人口約1億2,577万人のうち約28.7％が高齢者である。また高齢者を2つに区分すると前期高齢者（65歳以上75歳未満）、後期高齢者（75歳以上）に分けることができる。わが国は、特に後期高齢者が増加しており、2019（令和元）年9月現在約1,848万人存在している。75歳以上の後期高齢者が多いことは介護、医療、年金、福祉といった社会保障ニーズに直結し、それらのコストをどのように国民が負担するかが大きな政治問題になっている。逆に前期高齢者が多いと就業活動やボランティア活動等の地域活動が期待でき、活力のある高齢者を養成することも可能である。しかし先述したように後期高齢者の増大は介護、医療が必要となるので疾病予防、介護予防の充実がますます必要となる。

　次に高齢化の地域格差を取り上げたい。現在の高齢化率は約28.7％と述べたが、この数字はあくまで全国の平均値である。実際にもうすでに30％を超えている県も存在している。

　このようにわが国の高齢化率は地域格差が大きく、地域の実情にあった高齢化対策が求められている。

　加えてわが国の高齢化の速度も世界一速い速度で進行している。その例としてわが国の高齢化率7％に到達した年が1970（昭和45）年、高齢化率14％に到達した年は1994（平成6）年であり高齢化社会から高齢社会にシフトした年数はわずか24年である。他の先進諸国は約60年から約110年程度でシフトし

ており、わが国の高齢化の速度の特徴が理解できる。

　次の特徴はわが国が家族介護中心であることである。産業化、工業化、都市化等により直系家族から核家族へと進展し、家族の扶養能力がだんだん弱くなっている。しかしまだ家族介護が中心であり、介護保険のような公的サービスは家族介護の補完的機能であると言わざるをえない。また介護者は同居家族の約60％が担っており、特に配偶者、子の配偶者、子が大半を占めており、特筆すべきことは大半が女性であるという事実である。さらに60歳代、70歳代の介護者が多く、老老介護の問題も指摘できよう。

　これからますます３世代同居が減少し、家族の扶養機能が縮小している今、高齢者の介護ニーズにあった社会福祉サービスの構築が急務である。

第３節　これからのわが国の少子高齢社会の展望

　わが国の人口は現在約１億2,577万人（2019年）であるが、このまま少子高齢社会が進展すると2050年頃にはわが国の人口は約１億人、2100年頃には約4,200万人程度になると言われている。また2005（平成17）年には今までの統計上初めて人口減少に突入し、同年には約２万人が減少した。これからの人口減少社会を迎えるにあたって、新しい社会保障、社会福祉像が必要である。

１．少子高齢化の影響
　少子化の影響により、まず大きな課題になるのが先述した社会保障の財源である。現在国、自治体合わせて約1,100兆円の借金がある中で今まで以上の社会保障財源の供給は困難である。税収、保険料をどのように調達するかが一番問われている課題である。

　また少子高齢化により負担する人が減少し、サービスを受給する人が増加することにより給付と負担の関係が崩壊し、年金、医療、介護、福祉といった社会保障制度の維持が深刻な課題である。

　さらに問題になることとして少子化により経済社会を維持する労働者の減少もあげることができる。わが国はまだ外国人労働者を全面的に受け入れていない。顕著なこととしてサービス業を中心とする第3次産業の労働者不足は深刻であり、新たな施策が必要である。特に介護の担い手の問題は深刻であり、現在の要介護者約657.4万人（2019年度）、2040年には約956.7万人になる人々をどのように支えていくのかが私たちに問われている。

　このような少子高齢化がわが国の経済社会に与える影響は大きいと言わざるをえない。

　少子化対策、子育て支援、高齢化対策等国民的課題を理解し、解決に向けての方策を立てることが今こそ求められている。

第4節　少子高齢社会と社会福祉

1．わが国の少子化対策、子育て支援

　これまで少子高齢化の背景、現状について述べた。ここでは少子化対策、子育て支援の意義とサービスの概要を紹介する。

1）最近の家族の変容

　1960年代以後、核家族が増加し夫婦中心の家族形態が増えてきた。その結果、家事、育児、介護等といった扶養能力が弱くなり、家族の機能の縮小とともに社会福祉サービスの社会化が進展した。特に現在は離婚カップルの増加により、ますますこれまで担ってきた家族機能の社会化が急がれている。

2）少子化対策、子育て支援のサービス

　現在子育てしている家族で子どもを2人目、3人目を産まない理由として、子育てコスト、教育費のコストをあげる場合が多い。この対策として現在、児童手当制度を創設している。内容は15歳に到達してから最初の年度

末までの間にある子どもを養育する保護者等に対して1人につき月額10,000円、3人目以降は15,000円（ただし中学生は全て10,000円、3歳未満児は全て15,000円）が支給されている。この手当は所得制限があるが所得制限を超過しても、現在も、減額した手当が支給されている。ただし、2020（令和2）年11月現在、児童手当特例給付の検討が政府により議論されている。

2009（平成21）年7月に総選挙が行われ、民主党が第一党となり、民主・社会民主・国民新党の連立政権がスタートした。いわゆる政権交代である。この政権では、児童手当を廃止し、「子ども手当」の創設がなされたが、民主、自民、公明の3党により、以前の児童手当に戻されることになった。

次にあげられるのは保育サービスである。日中の保育や一時保育、延長保育、夜間保育、休日保育、病児・病後児保育等の特別保育がある。またこの制度に関連して育児休業制度があり、子どもの年齢が1歳半まで（場合によっては2歳まで）この休業を取得でき、男女とも利用できるしくみである。しかし男性の育児休業取得率がきわめて低く、まだ取得率は約8％程度である。

加えて子育て支援制度の1つとして社会保険である医療保険制度の中で出産育児一時金制度が設けられており、分娩費の補助を果たしている。また一定の条件に該当する者の不妊治療の公費助成として1回あたり30万円を治療開始時点の妻の年齢に応じて最大6回まで助成を行う制度が2021（令和3）年1月より実施されている。所得制限も廃止された。

その他に地域の子育て支援の窓口として保育所等に設置されている子育て支援センターがある。また児童養護施設等に設置されている児童家庭支援センターがあり、地域住民の子育て相談に応じている。

さらに利用施設として児童館など児童厚生施設があり、子どもたちの放課後の居場所になっておりスポーツやレクレーションを楽しめる施設になっている。関連施設として放課後の児童を預かる学童クラブ（放課後児童健全育成事業）もあげることができる。

また、2015（平成27）年4月より、「子ども・子育て新システム」、認定子

ども園の拡充等が実施されている。

　これらのほかにもサービスは存在するが、公的な子育て支援は主に「児童福祉法」に規定されており、この法改正を注視しなければならない。

2．わが国の高齢化と高齢化対策

　高齢化の背景、現状についても先述しており、それぞれのポイントについては学んだ。ここでは高齢化対策の概要を紹介する。

　最初に取り上げたいのは高齢者の介護である。2000(平成12)年４月の介護保険制度施行までは、「老人福祉法」の措置制度で在宅や施設サービス等については運営されてきた。費用負担は所得に応じた応能負担であった。また高齢者の医療は「老人保健法」により国民の税や保険料で支援し、2008(平成20)年には75歳以上の高齢者を対象に新しい高齢者医療制度が都道府県ごとに広域連合を組織してそれを保険者として創設されたが、高齢者の１割負担が厳しい状況である観点から、新たなしくみが政府内で検討された。さらに所得保障として公的年金制度が完備しており、国民年金、厚生年金等が私たちの老後の生活を保障している。また雇用者が何らかの事情で介護の必要が生じたとき介護休業制度を設けており、93日の休業を限度に雇用保険から所得の67％が補てんされている。

　以上簡単に少子高齢化対策を紹介したが、ここでのサービスは主なサービスや制度である。具体的には後章に譲りたい。

　最後に少子高齢化を考えた場合、それぞれのニーズに対応したサービスの存在を理解することができる。それが複雑で多岐にわたるサービスであることも否めない。大事なこととしてまだまだ社会福祉サービスは経済社会の変化により大きく変遷することを私たちは認識する必要がある。これからの社会福祉は国民、市民が主体であり主人公であることを自覚し、社会福祉の担い手になるよう努力しなければならない。

第2章　社会福祉の歴史

第1節　イギリスの社会福祉の歴史

1．エリザベス救貧法

　社会福祉の起源は、1601年にイギリスで制定された「エリザベス救貧法」であるとされている。なお、後述のように世界で最初に福祉国家を打ち立てたのもイギリスといえる。

　14～15世紀のイギリス農業改革や、16世紀初頭の地主による農地の囲い込み、都市部でのギルトの衰退、宗教改革に伴う教会領の没収等により、貧困問題が深刻化し、貧困家庭で生活する児童は徒弟に出されることもあった。

　このような状況の中、1601年に、国家が「エリザベス救貧法」を制定した。特徴的なことは、①救貧税の強制課税、②監督官制度、③救済すべき貧民などを定めたことである。また児童を含む貧困状況にある者が公的救済を受けられるようになった。この法のもと、教区単位で貧民や貧民児童の救済に力が入れられ、労働能力の有無で選別が行われた。親による扶養ができない児童に対しては、男子24歳、女子21歳もしくは結婚に至るまでの間、徒弟奉公により職業訓練を行い、職人としての技能をつけさせることを目的としていた。

2．19世紀までの社会福祉

　1772年には「ワークハウステスト法」が制定され、孤児や貧困児童も労役場（ワークハウス）で使役されるようになった。しかし、そこは悲惨な環境で人道的にも問題があり、「第二の牢獄」ともいわれた。

　18世紀の末になると産業革命がおこり、機械の発明と使用により熟練労働者から低賃金で雇用できる児童や女性に労働力がシフトする現象が起きた。また、労役場の劣悪な労働環境が、イギリス議会の児童労働調査委員によって明らかにされ、1782年には「ギルバート法」により児童保護が行われ、1802年には「徒弟法」により、児童の1日の労働時間が12時間以内となった。1833年には、幼児期の教育を重視したロバート・オーエンの活動により「工場法」が制定され、最低雇用年齢、児童の最長労働時間、児童の夜間労働禁止、働く児童に1日2時間の通学を義務付けるなど、雇用と教育の改善が行われた。これらの一連の改善により、これまで大人と同様に働けない場合にのみ救済を受けることができた児童が、教育を受け成長の途上にあるものとして見直されるようになった。オーエンは、人間の性格は環境によって決定されると説き、工場などに性格形成学院を設置し、歩き始めたときから5歳までの幼児を対象とした幼児学校、6歳から10歳を対象とした昼間学校、11歳以上で労働の後に学ぶ夜間学校とに分けた。その中の幼児学校は、現在の保育所の原型となっている。

　1870（明治3）年バーナードが、小舎制のビレッジホームであるバーナード・ホームを設立し、これまでの大規模収容施設による弊害を防止する取り組みが行われた。また、バーナードは里親における養育にも取り組み、後のイギリス里親制度の原型を作った。

　1883（明治16）年には、アメリカの影響を受け、リバプールに児童虐待防止協会が結成され、これがイギリス全土に広まることとなり、1889（明治22）年に「児童虐待防止法」と「児童保護法」が制定された。

3．20世紀以降の社会福祉

　20世紀に入ると、1908（明治41）年にはイギリスの児童憲章と呼ばれる「児童法」が制定され、1948（昭和23）年にも「児童法」（the Children Act）が制定された。

　イギリスにおける福祉国家の理念は、1942（昭和17）年、チャーチル政権に

提出されたベヴァリッジ・レポートに、国家発展阻害要素に対して国が①社会保障、②医療、③住宅、④教育、⑤福祉及び児童政策の5つの対応を行い相互に連携させることが示されている。ベヴァリッジによる社会保障概念は、「揺りかごから墓場まで」といった国民生活を保障するために、①児童手当、②包括的保健およびリハビリテーション、③完全雇用、の3つの実現を前提にしており、社会保険による「窮乏からの自由」を目的にした全国民の所得保障を行った。そして、給与やサービスを現実のニードにあわせて充実させているのである。

1979(昭和54)年、マーガレット＝サッチャーの保守党政権が誕生し、1988(昭和63)年には「住宅法」・「教育改革法」、1989(平成元)年には「新児童法」、1990(平成2)年には「国民保健サービス及びコミュニティケア法」が制定された。コミュニティケアの改革では、在宅ケアよりも施設ケアの方が量的に充実していることへの対応策が示された。

1997(平成9)年、トニー＝ブレアの労働党政権が誕生した。ブレア政権では、社会保障依存を軽減させるため給付対象の重点化が図られ、所得格差が拡大したことに対する政策を優先課題とした。働くための福祉（Welfare to Work）を推進し、所得再分配機能の強化ではなく、雇用機会の確保などに力が注がれた。2000(平成12)年には「ケア基準法」が、2001(平成13)年には「医療及び社会ケア法」が制定された。また、ブレア政権における保育施策の方針は、①低所得世帯の所得を税制を活用し上乗せして給付を行うタックスクレジット等を通じ、保護者による選択を前提とし、保育関連給付の拡大により保育サービスを支援すること、②無料幼児教育を拡大し、特に恵まれない地域における保育サービス供給拡大と専門家により質を向上させること、③幼児教育と保育の統合である幼保一元化や児童サービスの統合化を図ることである。つまり保育政策は、子育て家庭を支援し、貧困の連鎖を防ぐ観点から、幼児期から政府が家庭に対して支援することが目的とされている。

第2節　日本の社会福祉の歴史

1．古代から近世の社会福祉の歴史

　わが国においても古代から為政者・宗教家による慈善・救済活動が行われている。大和時代には、例えば593年に聖徳太子によって四箇院（悲田院・敬田院・施薬院・療病院）が設けられた。また、律令国家が成立する中で718年「戸令」が制定された。この「戸令」の中に、61歳以上の独身男性や50歳以上の独身女性、16歳以下の父のない者などを救済対象とする規定が設けられた。奈良時代、仏僧・行基は民間への布教や土木事業とともに救済活動を広く行った。和気広虫も孤児の養育活動を行っている。平安時代では、空海による救済活動をあげることができる。鎌倉時代以降も引き続き仏教僧侶による慈善活動がなされ、明恵・重源・叡尊・忍性らによるものが有名である。

　一方、戦国時代末期にはキリスト教がヨーロッパから伝えられ、宣教師による救済活動がなされた。ルイ・アルメイダが大分で慈善事業「ミゼリコルディア」を組織したのがその一例である。しかし、幕藩体制成立の過程でキリスト教は禁じられたため、キリスト教に基づく慈善活動は見られなくなった。

　江戸時代には五人組制度の機能として相互扶助が行われたほか、幕府も治安維持の観点から救済活動に当たった。江戸では1722年に小石川薬草園内に医療施設である小石川養生所を設けたほか、1790年には授産施設として石川島人足寄場を置いた。また、災害・飢饉等が頻発したが、それらに際して幕府や諸藩は「お救い小屋」を設けた。寛政の改革では、松平定信が七分積金制度を設け（1792年）、江戸町方に町入用（経費）の節約分の70%を積み立てさせて、飢饉のときに救済活動の費用にあてさせた。

2. 明治時代の社会福祉

　明治維新以降、日本は封建社会から近代社会に向けて大きく変化した。この社会変動に伴い、貧困に陥る者も少なくなく、救済制度の整備が必要とされ、1874(明治7)年には「人民相互ノ情誼」を基礎とする「恤救規則」がつくられた。公立施設としては、1872(明治5)年に東京府養育院が、1878(明治11)年には京都盲唖院が設立された。民間では、石井十次の岡山孤児院、石井亮一の滝乃川学園、留岡幸助の家庭学校、山室軍平の救世軍などが創設された。

　社会保障に関するさきがけとしては、1883(明治16)年に「文官恩給令」、1890(明治23)年に「軍人恩給法」が制定された。明治中・後期からの産業革命の進展に伴い、社会問題が深刻化していった。それらの軽減のための活動も活発であった。1890(明治23)年、日本で初めての保育所と考えられる新潟静修学校がつくられた。1897(明治30)年には片山潜によって日本最初のセツルメントであるキングスレー館が設立された。野口幽香らも1890(明治23)年、二葉幼稚園を設立した。

　法制度も整備され、1900(明治33)年に「精神病者監護法」が制定され私宅監置が義務付けられたほか、同年には「感化法」も制定され不良少年への感化事業が法制化された。また、1908(明治41)年には現在の全国社会福祉協議会の源流といえる中央慈善協会が設立された。

3. 大正・昭和初期の社会福祉

　1922(大正11)年には「健康保険法」、1923(大正12)年には「恩給法」がそれぞれ制定された。大正末から昭和初期は不況が続き、社会事業・社会政策の必要性がさらに増した。1929(昭和4)年に「救護法」が制定されたが、財源問題から1932(昭和7)年まで施行が延ばされた。このほか、「公益質屋法」(1927(昭和2)年)、「労働者災害扶助法」(1931(昭和6)年)、「児童虐待防止法」(1933(昭和8)年)などが制定されている。不良少年対策の柱である「感化法」は1933(昭和8)年に改正され「少年教護法」となった。

1936(昭和11)年には「方面委員令」が制定され、方面委員制度が全国統一のものとなった。

4．戦時厚生事業時代の社会福祉

　この時期は日華事変を背景に、準戦時体制となった。1938(昭和13)年、内務省から社会局・衛生局が分離され厚生省が発足し健兵健民政策が推進された。厚生省は衛生や体力向上・軍事援護などをつかさどった。

　1938(昭和13)年には「国民健康保険法」が制定され、市町村や職業単位による医療保険制度が始まったが、当時は現在のような皆保険制度ではなく任意設立・任意加入であった。1938(昭和13)年には、戦後の「社会福祉事業法」の前身の「社会事業法」が制定された。「軍事扶助法」（1937(昭和12)年）、「母子保護法」（1937(昭和12)年）、「船員保険法」（1939(昭和14)年）、「国民優生法」（1940(昭和15)年）、「医療保護法」（1941(昭和16)年）、「労働者年金保険法」（1941(昭和16)年）なども制定された。1941(昭和16)年に日米が開戦し、戦時体制に移行し、「戦時災害保護法」（1942(昭和17)年）や「戦争死亡傷害保険法」（1943(昭和18)年）が制定された。また、「労働者年金保険法」は1944(昭和19)年に「厚生年金保険法」と改題・改正され、事務職員や女子に拡大された。

5．戦後の占領期と福祉三法の時代

　1945(昭和20)年、日本は終戦を迎え、連合国軍の間接統治が行われた。東京にはＧＨＱ（連合国軍最高司令官総司令部）・各府県には軍政部が置かれ、それらの強力な指導の下、政治・経済の幅広い分野において変革がなされた。当時、都市部は空襲・艦砲射撃により焦土と化し、さらに農業生産力の低下による食糧難も相俟って国民生活の困窮の度合いが増していた。戦後の社会福祉は戦災等に起因する生活困窮者や戦傷病者への貧困救済・生活再建から始まったといえる。ＧＨＱは「社会救済に関する覚書」（SCAPIN775号）を発し、日本政府はこれに基づき「生活困窮者緊急生活

援護要綱」を手直しして「生活保護法」案を帝国議会に提出し成立させた。さらにGHQにより「大日本帝国憲法」は改正を余儀なくされ、「日本国憲法」として1946(昭和21)年公布され、1947(昭和22)年施行された。現行憲法25条は、第1項でいわゆる生存権保障を規定するとともに、第2項で社会福祉・社会保障・公衆衛生について国家の責務とした。

　戦後しばらくは、国家予算においても、生活保護費支出が大きな割合を占めていた。一方で、公的年金は機能停止状態であった。

　1947(昭和22)年、厚生省から労働省が分離した。1948(昭和23)年、厚生省の外局として引揚援護庁が設置された（現在の社会・援護局の前身である）。1950(昭和25)年の社会保障制度審議会勧告では、社会保障・社会福祉についての定義づけがなされた。1951(昭和26)年、日本社会事業協会・全日本民生委員連盟・同胞援護会が合同し中央社会福祉協議会が発足した。

　社会福祉・社会保障に関する法律も多く作られた。福祉三法といわれる「児童福祉法」（1947(昭和22)年）・「身体障害者福祉法」（1949(昭和24)年）・新「生活保護法」（1950(昭和25)年）がつくられたのもこの時期である。また、失業者の生活の安定を目的として「失業保険法」が1947(昭和22)年に制定され、失業保険制度が発足した。1949(昭和24)年に「精神衛生法」が、1951(昭和26)年には「児童憲章」も制定された。

6．高度経済成長期の社会福祉

　朝鮮戦争を契機に日本は経済の復興が進んだが、安定した成長期に入ったのは1950年代半ば以降である。戦後の混乱が収まり社会が安定することによって、社会保障給付費において公的扶助の占める割合は相対的に減少したが、公的年金の給付は増加を続けた。この時期、社会も安定し平均寿命も延び、高齢化率が上昇した。さらに、家族形態や扶養に関する意識の変化から、高齢者の経済生活を保障するものが私的扶養から社会保障としての所得保障へと大きく変貌した。次第に、老後の所得保障として公的年金制度が大きな割合を占めるようになった。

　1959(昭和34)年、「国民年金法」が制定され、自営業者や農民など被用者年金加入者以外の者に適用される年金制度が整備された。国民健康保険・国民年金制度の完全実施は1961(昭和36)年であり、ここに国民皆保険・国民皆年金体制が整った。この後も、公的年金制度の充実と高齢化のさらなる進行により社会保障に占める公的年金給付支出が年とともに増大した。1962(昭和37)年には厚生省の外局として社会保険庁が設置されている。

　1960(昭和35)年「精神薄弱者福祉法」（現「知的障害者福祉法」）が制定された。1963(昭和38)年には「老人福祉法」が制定された。「老人福祉法」により、これまで「生活保護法」のもとにあった養老施設が養護老人ホームとしてこの法律に移行し、介護の必要性の高い老人を入所させるための特別養護老人ホームや老人家庭奉仕員も法制化された。1964(昭和39)年、「母子福祉法」（現「母子及び父子並びに寡婦福祉法」）が制定された。これら新たに制定された三法と福祉三法を合わせ福祉六法の時代となった。

　そのほかにも制度の整備や計画の樹立が続いた。1960(昭和35)年、「身体障害者雇用促進法」が制定された。1956(昭和31)年、長野県で全国初のホームヘルパー派遣事業である家庭養護婦派遣事業が開始された。1964(昭和39)年、国の通達「家庭児童相談室の設置運営について」に基づいて家庭児童相談室が設置された。同年、「重度精神薄弱児扶養手当法」が制定された。1970(昭和45)年、「心身障害者対策基本法」が制定された。1971(昭和46)年には「児童手当法」が制定されたほか、福祉施設緊急整備5ヵ年計画がつくられた。

　なお、1970(昭和45)年には高齢化率が初めて7％を越え日本も高齢化社会となった。

7. 低成長期への移行と日本型福祉社会論

　1973(昭和48)年は、「老人福祉法」改正により一定所得未満の70歳以上の医療費が無料化されるなど福祉施策の拡充が行われ、福祉元年と謳われた。しかし同年、第4次中東戦争が勃発し第1次オイルショックが起こった。高

度経済成長は終わりマイナス成長となった。1979（昭和54）年に閣議決定された新経済社会7ヵ年計画では、「個人の自助努力と家族や近隣・地域社会等の連帯を基礎としつつ、効率のよい政府が適正な公的福祉を重点的に保障する」という日本型福祉社会論が提唱された。この後、いわゆる臨調・行革審路線が進められ、増税なき財政再建の旗印の下、行政改革とともに福祉見直しが行われた。そこでは「活力ある福祉社会の実現」が謳われた。

1974（昭和49）年に「重度精神薄弱児扶養手当法」が改正され「特別児童扶養手当法」となった。1979（昭和54）年、養護学校への就学が義務化された。なお、「失業保険法」はオイルショック等への対応の必要性もあり1974（昭和49）年改正され、名称も「雇用保険法」に改められ、1975（昭和50）年4月から施行された。

8．昭和末期から平成初期の社会福祉

1981（昭和56）年、「母子福祉法」が改正され、「母子及び寡婦福祉法」となった。また、宇都宮病院事件の発覚をはじめとして精神医療の体制が批判され、1987（昭和62）年に「精神衛生法」が改正されて「精神保健法」となった。同年、「身体障害者雇用促進法」が改正され「障害者の雇用の促進等に関する法律」となり、法の対象に知的障害者も加えられた。老人医療費支給制度はその非効率性から厳しい批判が続いていたが、1982（昭和57）年に「老人福祉法」から「老人保健法」が分離し、「老人福祉法」の老人医療費支給制度は削除され患者の一部自己負担が導入された。このとき健康診査も「老人保健法」に移行した。1984（昭和59）年、国民健康保険の費用負担の適正化を図るため、退職者医療制度が創設され、厚生年金被保険者期間が20年以上ある者等が対象となった。1987（昭和62）年には、福祉職の初の国家資格化を実現する「社会福祉士及び介護福祉士法」が成立した。1989（平成元）年、消費税が導入されたが、消費税に対する批判の緩和の意図もあって、これにあわせて厚生・自治・大蔵の3大臣合意による高齢者保健福祉推進十か年戦略（ゴールドプラン）が策定された。

　障害者福祉の分野では、1982(昭和57)年に国連障害者の十年の国内行動計画として「障害者対策に関する長期計画」が、1992(平成4)年にはその後継計画として「障害者対策に関する新長期計画」がつくられた。この「障害者対策に関する新長期計画」は1993(平成5)年に「障害者基本法」(「心身障害者基本法」から改題)によって同法に定める「障害者基本計画」とされた。

　1985(昭和60)年、公的年金制度の大幅な改正がなされ、基礎年金制度が導入された。1990(平成2)年には合計特殊出生率が1.57となり、いわゆる「1.57ショック」といわれた。この1990(平成2)年には、「老人福祉法等の一部を改正する法律」により福祉関係八法(「老人福祉法」、「身体障害者福祉法」、「精神薄弱者福祉法」、「児童福祉法」、「母子及び寡婦福祉法」、「社会福祉事業法」、「老人保健法」、「社会福祉・医療事業団法」)の一部改正がなされ老人保健福祉計画策定義務化や一部施設の入所措置権限の町村への移譲が行われた。

　1994(平成6)年、「ハートビル法」(「高齢者、身体障害者等が円滑に利用できる特定建築物の建築の促進に関する法律」)が制定されたほか、「保健所法」が改正され「地域保健法」となった。また同年、日本が「児童の権利に関する条約」を批准した。同年には、ゴールドプランもサービスの大幅な不足が明らかとなり新ゴールドプランが策定され目標数値が大幅に上方に修正されたほか、エンゼルプラン(今後の子育て支援のための施策の基本的方向について)も発表されている。1995(平成7)年は、「精神保健法」が改正され「精神保健福祉法」(「精神保健及び精神障害者福祉に関する法律」)となったほか、「高齢社会対策基本法」が制定された。「障害者プラン～ノーマライゼーション7か年戦略～」がつくられたのもこの年である。

9．社会福祉基礎構造改革以降の社会福祉

　1997(平成9)年は「介護保険法」や「精神保健福祉士法」が制定されたほか、「障害者雇用促進法」が改正され雇用の義務付けの対象に知的障害者も

加えられた。阪神・淡路大震災をきっかけにボランティア活動への関心が高まり1998(平成10)年には「ＮＰＯ法」（「特定非営利活動促進法」）が制定された。また同年、「精神薄弱者福祉法」が「知的障害者福祉法」に改題された。1999(平成11)年、新ゴールドプランの後継計画であるゴールドプラン21（「今後５年間の高齢者保健福祉施策の方向」）がつくられた。同年には新エンゼルプラン（「重点的に推進すべき少子化対策の具体的な実施計画について」）も策定されている。この年は、中央社会福祉審議会社会福祉構造改革分科会が「社会福祉基礎構造改革について（中間まとめ）」を公表し、社会福祉基礎構造改革の全容が明らかになったことも特筆すべきである。2000(平成12)年は1997(平成９)年に制定され準備が進められていた「介護保険法」が施行され、介護保険制度がスタートした年である。同年、「交通バリアフリー法」（「高齢者、身体障害者等の公共交通機関を利用した移動の円滑化の促進に関する法律」）や「児童虐待防止法」が制定された。

　行政組織のスリム化等を目的とする中央省庁再編により、2001(平成13)年、厚生省および労働省は再統合され厚生労働省が設置された。この年、文部科学省は障害児に関する教育を「特殊教育」から「特別支援教育」と名称を改めた。また、「ＤＶ防止法」（「配偶者からの暴力の防止及び被害者の保護等に関する法律」）が制定された。2002(平成14)年には「身体障害者補助犬法」、「ホームレスの自立の支援等に関する特別措置法」が制定された。同年、少子化対策プラスワンが発表され、障害者基本計画と重点施策実施５か年計画（新障害者プラン）も策定された。2003(平成15)年、「少子化社会対策基本法」・「次世代育成支援対策推進法」が制定された。「心神喪失者等医療観察法」により触法精神障害者に対する医療観察制度もつくられた。この年はまた「ゴールドプラン21」後の新たなプランの策定の方向性、中長期的な介護保険制度の課題や高齢者介護のあり方について検討するため、厚生労働省老健局長の私的研究会として設置された高齢者介護研究会が「2015年の高齢者介護─高齢者の介護を支えるケアの確立について─」と題する報告を取りまとめた。

　2004(平成16)年、「発達障害者支援法」が制定された。2005(平成17)年、「介護保険法」の改正により、要介護・要支援区分の一部変更、光熱水費・食費の自己負担化、地域密着型サービスの創設などが行われた（翌年全面施行）。また、同年、「高齢者虐待の防止、高齢者の養護者に対する支援等に関する法律」（「高齢者虐待防止法」）が制定され、2006(平成18)年4月に施行された。

　2006(平成18)年「就学前の子どもに関する教育、保育等の総合的な提供の推進に関する法律」（「認定こども園法」）が成立し幼稚園と保育所の両機能を有する新たな施設の仕組みが始まった。

　特別支援教育の分野では、2007(平成19)年、「学校教育法等の一部を改正する法律」により、これまで視覚障害、聴覚障害、肢体不自由・知的障害・病弱ごとにそれぞれ盲学校、聾学校、養護学校として分かれていた諸学校が特別支援学校になった。このとき法令上の「特殊教育」という表現が「特別支援教育」に全面的に改められた。同年は、「児童虐待防止法」が改正され、児童相談所職員による臨検（強制調査）が可能となったほか、障害者基本計画における新たな「重点施策実施5か年計画」がつくられた。

　2003(平成15)年に障害者福祉分野において措置制度にかわり支援費制度が始まった。障害者福祉は、当初、介護保険制度との統合を視野に議論が展開されたが、財界の強い反対もあり当面統合は見送られた。介護保険制度のシステムを取り入れつつ障害者福祉の給付部分を統合した制度とすることとなり2005(平成17)年に「障害者自立支援法」が制定され2006(平成18)年施行され、身体・知的・精神障害者に対する福祉サービスの給付部分が一元化された。これにより支援費制度は廃止され、サービスの利用に対して定率1割負担が課せられた。高齢者医療に関しては、2006(平成18)年、「健康保険法」等の改正がなされ後期高齢者医療制度が創設されることとなり、2008(平成20)年に実施された。

　社会保険庁の健康保険業務は2008(平成20)年に全国健康保険協会に移され、さらに2010(平成22)年には年金業務も日本年金機構に移管され社会保険

庁は廃止された。このとき船員保険業務も全国健康保険協会に移された。社会保険庁が担っていた行政事務の一部は本省の保険局・年金局や地方厚生局に移管された。

　2009(平成21)年、障害者に係る制度の集中的な改革を行い関係行政機関相互間の緊密な連携を確保しつつ障害者施策の総合的かつ効果的な推進を図ることを目的として閣議決定により内閣に障がい者制度改革推進本部が設置された。

　2010(平成22)年、子ども手当制度が始まったほか、「少子化社会対策基本法」に基づく大綱として「子ども・子育てビジョン」が策定された。

　従来、「民法」には親権喪失の制度のみ定められていたが、2011(平成23)年、親権の一時停止制度が創設された。同年、「高齢者の居住の安定確保に関する法律」が改正され、これまでの高齢者円滑入居賃貸住宅・高齢者専用賃貸住宅・高齢者向け優良賃貸住宅が「サービス付き高齢者向け住宅」制度に統一されたほか、「障害者虐待の防止、障害者の養護者に対する支援等に関する法律」（「障害者虐待防止法」）も制定された。「障害者自立支援法」は2012(平成24)年に改正され「地域社会における共生の実現に向けて新たな障害保健福祉施策を講ずるための関係法律の整備に関する法律」が2013(平成25)年に施行され、これによって「障害者自立支援法」は「障害者総合支援法」と改題された。年金については厚生年金保険と共済年金（共済組合長期給付）を統合する「被用者年金一元化法」が成立し、共済年金は2015(平成27)年10月に厚生年金保険に統合されることとなった。2013(平成25)年の「生活保護法」改正では、保護中に働いて得た金銭の一部を積み立て、保護から脱却するときに支給される就労自立給付金制度が創設された。このほか2013(平成25)年はわが国が「ハーグ条約」（「国際的な子の奪取の民事面に関する条約」）・「障害者権利条約」を批准したほか、「障害を理由とする差別の解消の推進に関する法律」（「障害者差別解消法」）が成立した。また、子ども手当制度が児童手当制度に戻った。

　2012(平成24)年の「障害者自立支援法」改正（「障害者総合支援法」へ改

題）では障害者の定義に難病患者も包含されることとなった。近年、社会保障と税の一体改革が唱えられ、社会保障改革の全体像や必要な財源確保について議論されている。2012（平成24）年「社会保障改革推進法」が成立し、有識者からなる社会保障制度改革国民会議設置され2013（平成25）年に報告書が取りまとめられた。それらを踏まえて2013（平成25）年に「持続可能な社会保障制度の確立を図るための改革の推進に関する法律」（「社会保障改革プログラム法」）が成立した。2014（平成26）年、「難病の患者に対する医療等に関する法律」（「難病医療法」）の成立と「児童福祉法」改正により難病患者と小児の慢性疾患の医療費の助成拡大が行われることとなった（施行は2015（平成27）年以降）。これまでは治療研究事業への参加の形式で医療費を助成していたが同法で根拠が明確化され、対象も拡大した。2014（平成26）年10月からは「母子及び寡婦福祉法」が「母子及び父子並びに寡婦福祉法」と改題された。また、2016年（平成28）年には「児童福祉法」の大改正が行われた。

　2016（平成28）年、社会福祉法人改革と福祉人材の確保を推進するため、「社会福祉法」等の改正が行われた。また、「障害者総合支援法」と「児童福祉法」も改正され、障害者が自らの望む地域生活を営むことができるよう生活と就労に対する支援の一層の充実や高齢障害者による介護保険サービスの円滑な利用を促進するための見直しが行われた。さらに「公的年金制度の持続可能性の向上を図るための国民年金法等の一部を改正する法律」が成立した。同法は、少子高齢化が進む中で、公的年金制度のメリットをより多くの人が享受できるようにするとともに、制度の持続可能性を高め、将来世代の年金水準の確保を図ることによって、将来的にも安心な年金制度を構築するものである。2017（平成29）年、「地域包括ケアシステムの強化のための介護保険法等の一部を改正する法律」が成立した。この改正では、地域包括ケアシステムの深化・推進と介護保険制度の持続可能性の確保が柱とされた。2018（平成30）年、「生活困窮者等の自立を促進するための生活困窮者立支援法等の一部を改正する法律」が成立した。2019（令和元）年、「児童福祉法」

と「児童虐待防止法」が改正された。親権者などによるしつけ名目の体罰の禁止や、児童相談所の体制強化が主な内容である。2020（令和２）年、「地域共生社会の実現のための社会福祉法等の一部を改正する法律」が成立した。これは、地域共生社会の実現を図るため、地域生活課題の解決に資する支援を包括的に行う市町村の事業に対する交付金及び国等の補助の特例の創設、地域の特性に応じた介護サービス提供体制の整備等の推進、医療・介護のデータ基盤の整備の推進、社会福祉連携推進法人に係る所轄庁の認定制度の創設、介護人材確保及び業務効率化の取組の強化等の所要の措置を講ずることを内容としている。また、「年金制度の機能強化のための国民年金法等の一部を改正する法律」が成立した。この改正では、厚生年金保険・健康保険の適用拡大、在職中の年金受給の在り方の見直し、受給開始時期の選択肢の拡大、確定拠出年金の加入可能要件の見直し等が行われた。

第3章　社会福祉の行財政

第1節　社会福祉の行政

1．生存権の沿革

　西欧においては、フランス革命やアメリカの独立宣言に見られるように「王権」から「民権」への流れが顕著になり、民主主義の潮流が派生してきたことは自明の理である。

　また、18世紀後半に起こった「産業革命」により、「機械制工業」が発展し、炭鉱や工場を経営する資本家と、そこで雇用され労働に従事する労働者が登場した。労働者は自らの労働条件の改善、賃金の向上を目的に団結し、資本家に交渉や要求をすることで、後に「工場法」が制定されたのである。

　さらに、労働者が団結、結束することにより、今日の「労働組合」を創設し、先述した労働者の待遇改善をめざし、日増しに資本家に働きかけた。

　そして、この「経済闘争」だけでなく、自分たちの代表を議会に送るため、「普通選挙権」運動も展開し、この権利を勝ち取ることになる。

　このような状況のなか、「生存権」が派生してきたのは、イギリスであり、20世紀初頭にウェッブ夫妻が「ナショナルミニマム」を主張した。この理念は4つあり、簡潔に言えば次のとおりである。①最低賃金を含む雇用条件②余暇とレクリェーション③健康、衛生的環境と医学サービス④教育[1]

　この理念は、生存権の礎であり、後に先進国の「権利」としての社会保障、社会福祉」の構築に大きな影響を与えた。

　次に、これまでの19世紀から20世紀初頭の国の在り方である「自由放任体制」（レッセフェール）を紹介する。

この価値観は、国の役割を国防や治安維持、外交に専念し、国民の生活問題に対応する必要がないというものである。

　しかし、アメリカにおいて1929(昭和４)年に「世界恐慌」が起こり、世界中で経済恐慌が拡充し、全産業の大半が倒産することにより、多くの失業者を生み出すことになった。これに対応するため、ルーズベルト大統領は「ニューディール政策」（新規まき直し）を実施して、経済の立て直しに着手した。

　また、ケインズの有効需要政策の理論を応用し、公共事業を起こすことにより、経済復興をめざした。例えば、テネシー川流域のダムを建設することにより、多くの失業者を労働者して雇用し、鉄やセメント等を使うことにより、消費を刺激する政策を展開したのである。

　さらに、生活困窮者や障害者等に対しては、連邦政府の予算で金銭給付や福祉サービス等を提供し、これまでの政策を改め、国民の生活に介入することを是とした。今までの生活に対する「自己責任」と「自助」を中心とする価値観から、「自己責任」を核にしつつも、場合によっては「公助」のしくみが展開されることになった。

　その後、世界は第２次世界大戦に突入し、1945(昭和20)年には終戦を迎える。この戦争の反省から、西欧は「戦争国家」から「福祉国家」へ転換することを余儀なくされた。イギリスでは、1945(昭和20)年に労働党のアトリー政権が誕生し、税財源による「医療制度」と患者の自己負担を無料にする「国民保健サービス」や「児童手当」、「公的年金制度」等福祉政策が大幅に展開されていく。この理念を支えたのが、1942(昭和17)年に公表された「ベヴァリッジ報告」であり、社会保険を中心とする政策が世界に広がっていく。

　わが国も1946(昭和21)年に成立した「日本国憲法」で25条に生存権が規定され、これまでの慈善、慈恵的な価値観から、「人間らしい生活を送る権利」、いわゆる「健康で文化的な最低限度の生活を営む権利」が付与され、「権利としての社会福祉」が構築された。

その後、この生存権をもとに、「高齢者」、「障害者」、「子ども」、「母子」等生活を保障する社会福祉が拡大、充実していく。

また、世界では珍しい国民誰もが医療、年金に加入する「皆保険」、「皆年金」体制が1961(昭和36)年に実施され、わが国も生存権等を包括する「社会保障」が構築されていった。

現在の社会保障は、私たちの生活問題に対して、その問題の改善、緩和のために保険的方法、または公的給付、対人サービスを行っている。

2．社会保障の体系

社会保障の体系の柱として、「年金」、「医療」、「福祉・その他」から構成されている。この他にも「公衆衛生」、「住宅」、「教育」も広い意味での社会保障であり、その概念は各国によって異なっている。

加えて、この社会保障は、基本的には「保険料」と「税」によって賄われており、国民、企業が負担している。

また、社会保障は法律や政省令、条例等で規定されており、私たちの生活全般をカバーしている。

3．社会福祉の体系

社会福祉の体系は、「高齢者」、「児童」、「障害者」、「母子」、「生活困窮者」等対象者別の法が規定され、対応がなされた。しかし、地域の中で生活問題に対応するため市町村の「地域福祉計画」に見られるように対象者別を超えた福祉政策等が必要となることから、2000(平成12)年に「社会福祉法」が制定された。この法は元々1951(昭和26)年に制定された「社会福祉事業法」をリニューアルしたものであり、社会福祉等の全分野における共通事項を定めた法であった。

特に同年には、同法は、これまでの「措置制度」を改め、「契約制度」になり、費用負担も改められた。所得に応じた「応能負担」から、サービスを利用したコストを負担する「応益負担」へと転換したのである。

そして、サービスを供給する組織を、これまでの公的な社会福祉法人だけでなく、企業やＮＰＯ等にも社会福祉の参入を認め、利用者中心のサービスへと転換した。

また、「民法」の成年後見制度のような利用者の権利擁護も設けられ、すべての利用者がサービスを選択できる仕組みが構築された。

なお、「社会福祉法」が規定した内容を列挙すると次のとおりである。「社会福祉事業の定義」、「福祉事務所」、「社会福祉審議会」、「社会福祉法人」、「社会福祉協議会」、「共同募金会」等である。

1）第一種社会福祉事業

表３－１にあるように第一種社会福祉事業は、サービスを利用する人の生命、健康を守る観点から、今のところ社会福祉法人以外の民間の参入は認められていない。基本的には、利用者がおもに入所し、その施設で生活することが第一義となるので、利潤を追求する民間事業者でなく、公的な社会福祉法人や自治体、国が社会福祉事業の経営をすることができる。

2）第二種社会福祉事業

表３－１のとおり保育所やデイサービスセンター等の在宅サービスが規定されており、この事業は民間の参入が認められている。もちろん、社会福祉法人、自治体、国の経営も認められている。

社会福祉の法体系は、「一般法」、「社会福祉の担い手を定めた法律」、「対象者の属性に対応した福祉施策を定めた法律」、「児童家庭福祉、次世代育成支援に関する法律」、「低所得者福祉、生活困窮者支援に関する法律」がある[2]。

表3－1　社会福祉事業の概要

　社会福祉法人とは、社会福祉法第2条に定められている社会福祉事業（第1種社会福祉事業及び第2種社会福祉事業）を行うことを目的として、社会福祉法の規定により設立される法人である。

　社会福祉法人制度は、社会福祉事業の公共性から、民法上の公益法人に比べてその設立運営に厳格な規制が加えられている。

　社会福祉法人の設立等の認可は、厚生労働大臣（事業が2以上の都道府県にわたり、かつ、全国組織として設立される法人等）若しくは地方厚生局長（事業が2以上の都道府県にわたるもののうち厚生労働大臣が所管するもの以外）、都道府県知事または指定都市長若しくは中核市長が行う。

第1種社会福祉事業	第2種社会福祉事業
・生活保護法に規定する救護施設、更生施設 ・生計困難者を無料または低額な料金で入所させて生活の扶助を行う施設 ・生計困難者に対して助葬を行う事業 ・児童福祉法に規定する乳児院、母子生活支援施設、児童養護施設、障害児入所施設、児童心理治療施設、児童自立支援施設 ・老人福祉法に規定する養護老人ホーム、特別養護老人ホーム、軽費老人ホーム ・障害者支援施設 ・売春防止法に規定する婦人保護施設 ・授産施設 ・生計困難者に無利子または低利で資金を融通する事業 ・共同募金を行う事業	・生計困難者に対して日常生活必需品・金銭を与える事業 ・生計困難者生活相談事業 ・児童福祉法に規定する障害児通所支援事業、障害児相談支援事業、児童自立生活援助事業、放課後児童健全育成事業、子育て短期支援事業、乳児家庭全戸訪問事業、養育支援訪問事業、地域子育て支援拠点事業、一時預かり事業、小規模住居型児童養育事業 ・児童福祉法に規定する助産施設、保育所、児童厚生施設、児童家庭支援センター ・児童福祉増進相談事業 ・母子及び父子並びに寡婦福祉法に規定する、母子家庭日常生活支援事業、父子家庭日常生活支援事業、寡婦日常生活支援事業 ・母子及び父子並びに寡婦福祉法に規定する母子父子福祉施設 ・老人福祉法に規定する老人居宅介護等事業、老人デイサービス事業、老人短期入所事業、小規模多機能型居宅介護事業、認知症対応型老人共同生活援助事業、複合型サービス福祉事業 ・老人福祉法に規定する老人デイサービスセンター（日帰り介護施設）、老人短期入所施設、老人福祉センター、老人介護支援センター ・障害者総合支援法に規定する障害福祉サービス事業、一般相談支援事業、特定相談支援事業、移動支援事業、地域活動支援センター、福祉ホーム ・身体障害者福祉法に規定する身体障害者生活訓練等事業、手話通訳事業又は介助犬訓練事業若しくは聴導犬訓練事業 ・身体障害者福祉法に規定する身体障害者福祉センター、補装具製作施設、盲導犬訓練施設、視聴覚障害者情報提供施設 ・身体障害者更生相談事業 ・知的障害者更生相談事業 ・生計困難者に無料または低額な料金で簡易住宅を貸し付け、または宿泊所等を利用させる事業 ・生計困難者に無料または低額な料金で診療を行う事業 ・生計困難者に無料または低額な費用で介護老人保健施設を利用させる事業 ・隣保事業 ・福祉サービス利用援助事業 ・各社会福祉事業に関する連絡

〔出典：厚生労働省編『厚生労働白書（平成25年度版）』ぎょうせい、p190、2013（一部改変）〕

4. 社会福祉の組織

1）国の組織

　社会保障、社会福祉関係の責任主体は、厚生労働省であり、各政策を立案し、法制度を創設、改正を行う。また事業に伴う予算を組み、財務省に予算要求をし、自治体や関係機関に補助金の交付を行う。

　社会福祉に関係した部局は「社会・援護局」、「老健局」、「子ども家庭局」、「障害保健福祉部」がある。地方支分部局として「地方厚生（支）局」が全国に8拠点設けられている。そして、同省内には専門的な見地から同省の行政に対して意見を述べる社会保障審議会が置かれている。

　加えて、以前は外局として公的年金や医療保険の事務を行う「社会保険庁」が存在したが、機構改革により「日本年金機構」と「全国健康保険協会」として再編された。

2）地方の組織

　都道府県、政令指定都市においては社会福祉の行政組織として知事（市長）の下に「福祉保健部（局）」、「健康福祉部（局）」、「民生部（局）」、「生活部（局）」等が置かれ、下部機関として「社会課」、「児童課」、「福祉課」、「障害者福祉課」、「保育課」、「子育て支援課」、「生活保護課」等が置かれており、社会福祉関係課等の政策立案や予算編成、市町村の連絡調整、社会福祉施設の認可、指導助言、補助金等の交付の業務が行われている。

　また都道府県においては社会福祉の専門機関として「児童相談所」、「福祉事務所」、「身体障害者更生相談所」、「知的障害者更生相談所」、「婦人相談所」が置かれている。なお、政令指定都市においては「身体障害者更生相談所」、「知的障害者更生相談所」「婦人相談所」は任意設置であり、「婦人相談所」は実際には置かれていない。

　市町村にも都道府県、政令指定都市と同じように関係部局、関係課が置かれ、政策の立案、予算の編成、関係機関の連絡調整、社会福祉施設への指

導、助言、補助金の交付等が行われている。

　地方の福祉行政は、1986(昭和61)年に「地方公共団体の執行機関が国の機関として行う事務の整理及び合理化に関する法律」により、多くの社会福祉の権限が都道府県（政令指定都市）、市町村に移譲された。

　さらに、1990(平成2)年の「老人福祉法等の一部を改正する法律」により、身体障害者福祉、老人福祉の権限が市町村に移譲された。

　1999(平成11)年には、「地方分権一括法」により、機関委任事務を改め、法定受託事務とし、それ以外のものを自治事務と規定した。法定受託事務のうち、例えば第1号法定受託事務は、国の業務として、実務を遂行すべき事業に対し、都道府県、市町村が国に代わって事務を遂行することを指し、国庫負担金等で財源が賄われている。

　2003(平成15)年には、知的障害者の事務、児童短期入所の事務が、都道府県から市町村に移譲されており、福祉行政の担い手として市町村がクローズアップされている。

3）地方審議会

　国と同じように都道府県（政令指定都市、中核市）に「地方社会福祉審議会」、「地方児童福祉審議会」が置かれている。また、市町村は任意として「市町村児童福祉審議会」を置くことができる。役割は、国と同じで市民の視点、また専門的見地から具申が行われ、自治体の福祉政策立案を側面から支援している。

5．社会福祉の実施機関
1）児童相談所

　児童の総合相談の窓口となっており、児童、家族等の問題に対して専門的見地から支援を行う行政機関である。同相談所は、都道府県、政令指定都市は必置となっている。職員構成は、所長、児童福祉司、児童心理司、医師、保健師、保育士、理学療法士、作業療法士、言語聴覚士、栄養士等が配置さ

図3－1　厚生労働省　組織図

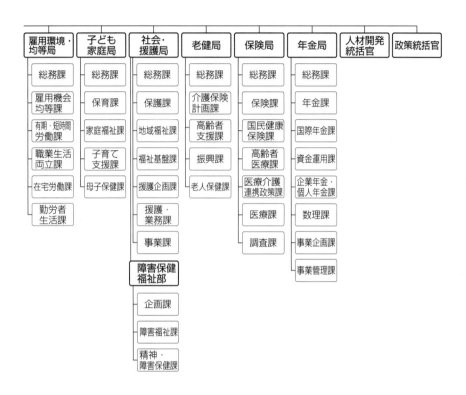

雇用環境・均等局	子ども家庭局	社会・援護局	老健局	保険局	年金局	人材開発統括官	政策統括官
総務課	総務課	総務課	総務課	総務課	総務課		
雇用機会均等課	保育課	保護課	介護保険計画課	保険課	年金課		
有期・短時間労働課	家庭福祉課	地域福祉課	高齢者支援課	国民健康保険課	国際年金課		
職業生活両立課	子育て支援課	福祉基盤課	振興課	高齢者医療課	資金運用課		
在宅労働課	母子保健課	援護企画課	老人保健課	医療介護連携政策課	企業年金・個人年金課		
勤労者生活課		援護・業務課		医療課	数理課		
		事業課		調査課	事業企画課		
					事業管理課		

障害保健福祉部

企画課

障害福祉課

精神・障害保健課

〔出典：厚生労働省Webサイト、https://www.mhlw.go.jp/general/saiyo/pamphlet/dl/2018-guide_16.pdf（2019. 1. 15最終アクセス）〕

れている。

　同相談所の業務内容は①児童、家庭からの諸問題に対する総合相談②児童
等に対しての医学的、心理学的、教育学的、精神保健上の判定③児童の一時
保護④児童福祉施設の入所業務⑤里親委託等である。

2）福祉事務所

　同事務所は、都道府県、市は必置であり、町村は任意設置である。また
「生活保護法」、「児童福祉法」、「身体障害者福祉法」、「知的障害者福
祉法」、「老人福祉法」、「母子及び寡婦並びに父子福祉法」の6法（ただ
し都道府県の事務所は3法）を担当しており、社会福祉行政の第一線の機関
である。

　具体的な業務として、市民の生活相談の窓口であり、6法の援護、育成、
更生の措置などの事務を行っている。職員構成は、所長、査察指導員、現業
員、老人福祉指導主事、家庭児童福祉主事が置かれている。なお、民生児童
委員の事務、生活福祉資金、母子及び父子寡婦福祉資金の貸付の業務も行っ
ている。

3）地域包括支援センター

　2005(平成17)年の「介護保険法」改正で、市町村に置かれることになった
組織であり、地域住民の介護の総合相談、介護予防、要支援者のケアプラン
作成等の業務を行っている。専門職として主任ケアマネジャー、保健師、社
会福祉士が配置されている。

4）保健所

　保健所の業務は、市民に対して保健についての衛生知識の普及を図ること
である。また、健康診査を行い、場合によっては、保健指導を行う。さら
に、療養を必要とする者に対して、療養指導も行っている。加えて、児童福
祉施設に対しては栄養の改善、衛生に対して必要な助言も行っている。職員

構成としては、医師、薬剤師、獣医師、保健師、助産師、精神保健福祉士等が配置されている。

5）身体障害者更生相談所

　身体障害者福祉に関して市町村相互間の連絡調整や情報の提供を行い、広域的見地から各市町村の実情の把握に努めている。また、身体障害者に対する総合相談、指導を行っている。さらに、身体障害者の医学的、心理学的、職能的判定や補装具の処方や適合判定も行う。職員構成は、所長、身体障害者福祉司、理学療法士、作業療法士、言語聴覚士、医師、保健師等が配置されている。なお、同相談所は都道府県では必置、政令都市等は任意設置となっている。

6）知的障害者更生相談所

　同相談所は、市町村の連絡調整や市町村への情報提供、必要な援助を行う。また知的障害者福祉に関して広域的見地から各市町村の実情の把握に努めることが規定されている。他に知的障害者の相談、指導を行い、18歳以上の知的障害者の医学的、心理学的、職能的判定を行う。職員構成は、所長、知的障害者福祉司、医師、保健師、心理判定員等が置かれている。なお、都道府県には必置であるが政令指定都市等は任意設置となっている。

7）婦人相談所（配偶者暴力相談支援センター）

　性行又は環境に照らして売春を行うおそれのある要保護女子の保護、更生を扱う専門機関である。具体的には、要保護女子の相談、家庭における必要な調査や医学的、心理学的、職能的判定を行う。場合によっては、一時保護も行う。

　また、2001（平成13）年の「ＤＶ防止法」により、これらの業務に加えて「配偶者暴力相談支援センター」が設置され、ＤＶ被害者の相談、一時保護、各機関の連絡調整を行っている。職員構成は所長、相談指導員、判定

員、医師、事務員が配置されている。

8）民生委員・児童委員

　民生委員は、「民生委員法」で規定されている特別職の地方公務員である。同法1条に任務として、社会奉仕の精神をもって常に住民の立場に立って相談に応じ、及び必要な援助を行い、もって社会福祉の増進に努めるものと定められている。職務内容は、①住民の生活状態を必要に応じて適切に把握する、②援助を必要とする者がその有する能力に応じ自立した日常生活を営むことができるように生活に関する相談に応じ、助言その他の援助を行う、③援助を必要とする者が福祉サービスを適切に利用するために必要な情報提供、その他の援助を行う、④社会福祉を目的とする事業を経営する者又は社会福祉に関する活動を行う者と密接に連携し、その事業または活動を支援する、⑤社会福祉法に定める福祉に関する事務所、その他の関係行政機関の業務に協力する、等である。

　また、同委員は必要に応じて、住民の福祉の増進を図るための活動を行う。同委員の任期は3年間であり、委嘱は厚生労働大臣が行う。

　加えて、児童委員の役割もある。同委員は、「児童福祉法」で規定され、①児童及び妊産婦につき、その生活及び取り巻く環境の状況を適切に把握する、②児童、妊産婦に係わる社会福祉活動や事業を行う者を支援する、③児童福祉司又は福祉事務所の社会福祉主事の行う職務に協力する、④児童の健やかな育成に関する気運の醸成に努めること、等が定められている。

　なお、主任児童委員は児童福祉機関や児童委員の連携を行い、児童委員の活動に対する援助、協力を行う。児童委員の職務については、都道府県知事の指揮監督を受ける。

9）社会福祉協議会

　同協議会は、「社会福祉法」で規定され、地域住民が主体となり、地域社会の生活問題の改善を図るためにつくられた社会福祉法人の組織である。同

協議会は、全国社会福祉協議会、都道府県社会福祉協議会、市町村社会福祉協議会、区社会福祉協議会があり、民間の団体である。

　全国社会福祉協議会は、社会福祉事業における関係機関や下部組織（都道府県社協等）の連絡調整、社会福祉事業の調査、企画、広報等を行い、厚生労働省の政策立案の協力も行っている。

　都道府県社協は、政令指定都市社協を含む市町村社協の連絡調整、協力、社会福祉事業の企画、広報等を行っている。また、マンパワー養成に関する福祉人材センター事業、地域福祉活動計画の策定等も業務の１つである。

　市町村社協は、社会福祉事業の企画や広報等を行い、ホームヘルプサービスやデイサービスなどの事業や配食サービスやボランティアの養成等多岐にわたる事業を実施しており、地域住民主体の在宅サービス等が展開されている。

10）共同募金会

　共同募金は、1921（大正10）年に長崎県社会事業協会により初めて長崎市で開始されたが、継続的な事業として展開できなかった。戦後になって、1947（昭和22）年に社会事業共同募金中央委員会が組織化され、「赤い羽根」の共同募金がつくられた。そして、今に至っている。

　同募金会は、社会福祉法第112〜124条に規定されており、募金期間は10月から12月までの３ヵ月である。

　なお、募金方法は、「戸別募金」、「法人募金」、「街頭募金」、「職域募金」、「学校募金」、「イベント募金」、その他の複数方法がある。

　さらに、12月は、「歳末助け合い募金」があり、この募金も共同募金事業の１つとして位置づけられている。共同募金の総額は、2017（平成29）年度で約173億円である。この募金の配分は、社協や各社会福祉施設、ＮＰＯ、ボランテイア団体等に行われている。

11）社会福祉施設

　同施設は、2018（令和30）年度現在7万7,000か所存在し、定員は382万人である。

　この社会福祉施設に法的体系は複数あり、以下のとおりである。「保護施設」、「老人福祉施設」、「障害者支援施設」、「婦人保護施設」、「児童福祉施設」、「母子・父子福祉施設」、「その他の社会福祉施設」等。

第2節　社会福祉の財政

1．社会保障給付費

　少子高齢化の進展により、社会福祉財政は年々悪化の一途である。例え

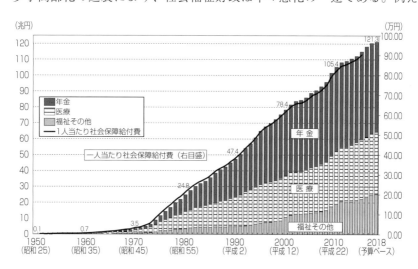

資料：国立社会保障・人口問題研究所「平成27年度社会保障費用統計」、2016年度、2017年度、2018年度（予算ベース）は厚生労働省推計、2018年度の国民所得額は「平成30年度の経済見通しと経済財政運営の基本的態度（平成30年1月22日閣議決定）」
（注）図中の数値は、1950,1960,1970,1980,1990,2000及び2010並びに2018年度（予算ベース）の社会保障給付費（兆円）である。

図3－2　社会保障給付費の年次推移

〔出典：厚生労働省Webサイト、https://www.mhlw.go.jp/content/syakaihosyoukyuuhuhiosuii.pdf（2018. 12. 10 アクセス）〕

ば、1965（昭和40）年に65歳以上の 1 人に対して支える20〜64歳までの者は 9 人であった。2012（平成24）年には2.4人、2050年には推計値であるが、1.2人であり、「胴上げ型」から「騎馬戦型」へ、そして「肩車型」に変化しようとしている。これによれば、20〜64歳の生産年齢人口、つまり支え手を増やすことが急務である。高齢者においても「定年の延長」や「年金給付年齢の引き上げ」などの政策が今こそ求められている。

　次に、社会保障給付費と財政の関係を見ると同給付費は年々増大し、財源である「税」、「社会保険料」の財政赤字が顕著である。そのため借金は膨れ上がり、国債等の累積額は2019（令和元）年現在で約897兆円を超えている。

　また2019（令和元）年度社会保障給付費をみると全体で120兆2,443億円、同給付費の内訳は年金54兆8,349億円、医療39兆4,195億円、介護、福祉その他が25兆9,898億円である。また、一般歳出における社会保障関係費の割合は 6 割近くになっている。

2．国の社会保障の財政

　一般会計歳出予算は102兆6,580億円、社会保障予算35兆8,608億円である（2020（令和 2 ）年度）。

　また歳入は、税収等が約63兆5,000億円、赤字国債等が約32兆5,562億円であり、積り積もった国、地方の借金総額は1,000兆円を超えている。

　社会保障給付費、社会保障予算は今後も増大傾向であり、国民がこれからも負担することが困難な状況であるため、2012（平成24）年に始まったのが「社会保障と税の一体改革」である。自民、民主、公明の 3 党合意により、社会保障給付の適正化は今後も行われ、社会保障改革が急務となっている。

3．地方の社会福祉の財政

　地方の社会福祉財政は、「社会福祉費」、「老人福祉費」、「生活保護費」、「災害救助費」で構成されている。これを「民生費」という。「民生

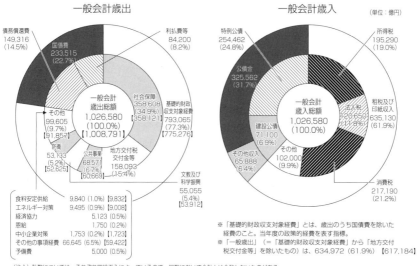

一般会計歳出

債務償還費
149,316
(14.5%)

国債費
233,515
(22.7%)

利払費等
84,200
(8.2%)

その他
99,605
(9.7%)
【91,857】

防衛
53,133
(5.2%)
【52,625】

公共事業
68,571
(6.7%)
【60,669】

一般会計
歳出総額
1,026,580
(100.0%)
【1,008,791】

社会保障
358,608
(34.9%)
【358,121】

基礎的財政
収支対象経費
793,065
(77.3%)
【775,276】

地方交付税
交付金等
158,093
(15.4%)

文教及び
科学振興
55,055
(5.4%)
【53,912】

食料安定供給 9,840 (1.0%)【9,832】
エネルギー対策 9,495 (0.9%)【9,008】
経済協力 5,123 (0.5%)
恩給 1,750 (0.2%)
中小企業対策 1,753 (0.2%)【1,723】
その他の事項経費 66,645 (6.5%)【59,422】
予備費 5,000 (0.5%)

一般会計歳入

（単位：億円）

特例公債
254,462
(24.8%)

公債金
325,562
(31.7%)

法人税
120,650
(11.8%)

建設公債
71,100
(6.9%)

その他収入
65,888
(6.4%)

その他
102,000
(9.9%)

一般会計
歳入総額
1,026,580
(100.0%)

所得税
195,290
(19.0%)

租税及び
印紙収入
635,130
(61.9%)

消費税
217,190
(21.2%)

※「基礎的財政収支対象経費」とは、歳出のうち国債費を除いた
経費のこと。当年度の政策的経費を表す指標。
※「一般歳出」（＝「基礎的財政収支対象経費」から「地方交付
税交付金等」を除いたもの）は、634,972（61.9%）【617,184】

(注1) 計数については、それぞれ四捨五入によっているので、端数において合計とは合致しないものがある。
(注2) 一般歳出※における社会保障関係費の割合は56.5%。
(注3) 【 】内は臨時・特別の措置を除いた計数。

図３－３　令和２年度一般会計歳出・歳入の構成

〔出典：財務省ホームページ（2020.11.27 アクセス）〕

費」の都道府県・市町村の純計額は約25兆6,659億円であり、一番多いのが
「児童福祉費」の約８兆7,296億円であり、次に「老人福祉費」約６兆2,275
億円、「社会福祉費」約６兆5,726億円、「生活保護費」約３兆9,470億円、
となっている（2018(平成30)年度）。

４．その他の財源

　先述した共同募金が、その他の財源の代表である。募金の実績額は1995
（平成７）年の265億7,935万円をピークにその後減少傾向にある。2019(令和
元)年度での目標は、193億円をめざしている。

　この募金の配分は、先述したとおり社会福祉協議会、社会福祉事業、
ＮＰＯ事業等の重要な財源になっている。

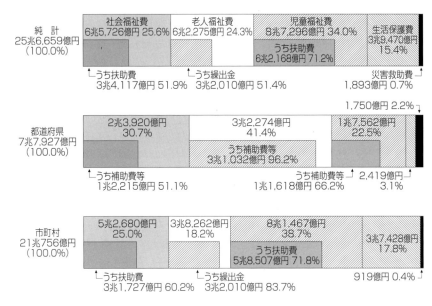

図３－４　令和２年度一般会計歳出・歳入の構成

〔出典：総務省ホームページ（2020. 11. 27 アクセス）〕

5．社会福祉施設の管理運営

　社会福祉施設管理運営に対しては、国、自治体で負担割合を決めている。詳細は表３－２のとおりである。施設の運営費、人件費、事務費等を賄っている。

注

１）福祉士養成講座編集委員会編『社会保障』中央法規、1999年、p11

２）厚生労働統計協会編『国民の福祉と介護の動向』厚生労働統計協会、2013年、p44

表３－２　施設種別における措置費の負担割合

施設種別	措置権者	入所先施設の区分	措置費支弁者（※1）	国	都道府県指定都市中核市	市	町村
保護施設	知事・指定都市市長・中核市市長	都道府県立施設 市町村立施設 私設施設	都道府県・指定都市・中核市	3／4	1／4	－	－
	市長（※2）		市	3／4	－	1／4	－
老人福祉施設	市町村長	都道府県立施設 市町村立施設 私設施設	市町村	－	－	10/10（※4）	
婦人保護施設	知事	都道府県立施設 市町村立施設	都道府県	5／10	5／10	－	－
児童福祉施設（※3）	知事・指定都市市長・児童相談所設置市市長	都道府県立施設 市町村立施設 私設施設	都道府県・指定都市・児童相談所設置市	1／2	1／2	－	－
母子生活支援施設 助産施設	市長（※2）	都道府県立施設	都道府県	1／2	1／2	－	－
		市町村立施設 私設施設	市	1／2	1／4	1／4	－
	知事・指定都市市長・中核市市長	都道府県立施設 市町村立施設 私設施設	都道府県・指定都市・中核市	1／2	1／2	－	－
保育所	市町村長	私設施設	市町村	1／2	1／4	1／4	－
	指定都市市長 中核市市長		指定都市・中核市	1／2	1／2	－	－
身体障害者社会参加支援施設（※5）	知事・指定都市市長・中核市市長	都道府県立施設 市町村立施設 私設施設	都道府県・指定都市・中核市	5／10	5／10	－	－
	市町村長		市町村	5／10	－	5／10	

（注）
※1．母子生活支援施設、助産施設及び保育所は、児童福祉法が一部改正されたことに伴い、従来の措置（行政処分）がそれぞれ母子保護の実施、助産の実施及び保育の実施（公法上の利用契約関係）に改められた。
※2．福祉事務所を設置している町村の長を含む。福祉事務所を設置している町村の長の場合、措置費支弁者及び費用負担は町村となり、負担割合は市の場合と同じ。
※3．小規模住居型児童養育事業所、児童自立生活援助事業所を含み、保育所、母子生活支援施設、助産施設を除いた児童福祉施設。
※4．老人福祉施設については、平成17年度より養護老人ホーム等保護費負担金が廃止・税源移譲されたことに伴い、措置費の費用負担は全て市町村（指定都市、中核市含む）において行っている。
※5．改正前の身体障害者福祉法に基づく「身体障害者更生援護施設」は、障害者自立支援法の施行に伴い、平成18年10月より「身体障害者社会参加支援施設」となった。

〔出典：社会福祉の動向編集委員会編『社会福祉の動向2014』中央法規出版、p32、2014〕

第4章　社会福祉専門職

第1節　社会福祉専門職とは

1．社会福祉の意味から考える社会福祉専門職

　社会福祉専門職と聞いてどんな職業を思い浮かべるだろうか。

　わが国の少子高齢化に伴い、よく耳にするようになった社会福祉士、介護福祉士、ケアマネジャーを想像したり、保育士や福祉事務所の職員を思い浮かべたりするだろうか。

　まず、社会福祉専門職を「社会福祉」という意味から考えよう。社会福祉という言葉は、第二次世界大戦後、social welfareの訳語として、わが国では使用されるようになった。socialは「社会的な」という意味であり、welfareはwell「申し分なく・快く・幸福に」という語とfare「暮らす」という語が一つになった言葉で「福祉」を意味する。つまり、社会福祉（social welfare）とは「全ての国民が幸福に暮らしていくこと」と言える。

　そこで、社会福祉の実践（人が幸福に暮らせるよう支援すること）に携わる者をわが国では、総称して社会福祉従事者という。そのうち、社会福祉の専門教育を受け、専門知識・技術をもって、社会生活が困難な状況におかれた者を援助する職を社会福祉専門職と位置付ける。よって、介護福祉士、社会福祉士、保育士などが社会福祉専門職にあたる。

2．社会福祉専門職の種類

　社会福祉専門職には具体的にどのような職種があるのか。ここでは、総務省の日本標準職業分類（表4-1）を参考に社会福祉専門職にふれる。

表4－1　総務省　日本標準職業分類（2009(平成21)年統計基準設定）【社会福祉関係】

大分類 [分類コードB]	専門的・ 技術的職業従事者	中分類 [分類コード16]	社会福祉専門職業 従事者
小分類［161］: 職業内容	福祉相談指導専門員：福祉事務所、児童相談所、更生相談所、婦人相談所において、専門的調査・判定、相談、助言、指導の仕事に従事するもの。		
職種名	査察指導員；心理・職能判定員；児童相談所長；福祉司；母子・婦人・家庭相談員；社会福祉主事；ケースワーカー；婦人相談指導員		
小分類［162］: 職業内容	福祉施設指導専門員：児童福祉施設、障害者支援施設、老人福祉施設等の福祉施設において、専門的な保護、自立支援、援護、育成、介護の指導の仕事に従事するもの。		
職種名	老人福祉施設長・生活指導員；障害者支援施設等施設長・職業指導員；児童自立支援施設児童自立支援専門員・児童生活支援員（施設長を含む）；児童福祉施設長・児童指導員・児童厚生員；福祉施設職業指導員；母子生活支援施設寮母・寮父；母子指導員		
小分類［163］: 職業内容	保育士：児童の保育・保護の仕事に従事するものをいう。		
職種名	保育所保育士；こども園保育士；肢体不自由児施設保育士；乳児院保育士；ろう・あ児施設保育士；重症心身障害児施設保育士；一時保護所保育士；知的障害児通園施設保育士；児童養護施設保育士		
小分類［169］: 職業内容	その他の社会福祉専門職業従事者：社会福祉協議会等の福祉団体・保護観察所などにおいて、専門的な相談、指導、助言など［161-163］に含まれない専門的・技術的な社会福祉の仕事に従事するもの。		
職種名	社会福祉協議会専門職員；その他の福祉団体専門職員；福祉作業所長；保護観察官；心理カウンセラー（福祉）；介護支援専門員（ケアマネジャー）		
大分類 [分類コードE]	サービス職業従事者	中分類 [分類コード36]	介護サービス職業従事者
小分類［361］: 職業内容	介護職員（医療・福祉施設等）：医療施設、福祉施設、老人福祉施設等において入所者及び通所者に対する入浴、排せつ、食事等の介護の仕事に従事するもの。		
職種名	介護職員（医療・福祉施設等）；障害者支援施設等寮母・寮父、老人福祉施設寮母・寮父		
小分類［362］: 職業内容	訪問介護従事者：在宅介護サービスを提供する団体等からの指示等により、介護を必要とする者の居宅を訪問し、その者に対する入浴、排せつ、食事等の介護その他の日常生活を営むのに必要な便宜を供与する仕事に従事するもの。		
職種名	訪問介護員（ホームヘルパー）		

注）法改正により母子指導員から母子支援員に改称。肢体不自由児施設；ろう・あ児施設；重症心身障害児施設は障害児入所施設に、知的障害児通園施設は児童発達支援センターに再編されている。児童厚生員は法律上、児童の遊びを指導する者に改称されている。寮母・寮父等表記は、現在は介護職員や支援員等で呼称されている。
※日本標準職業分類は、統計の結果を表示するための分類である（総務省）。

　日本標準職業分類では、大分類、中分類、小分類に分けている。社会福祉専門職は、大分類において、専門的・技術的職業従事者に位置づけている。中分類において、福祉事務所、児童相談所、社会福祉施設及び福祉団体等にて、専門的調査・判定、相談、保護、育成、更生、介護計画等の仕事に従事する者を、社会福祉専門職業従事者としている。小分類において福祉専門相談員、福祉施設相談専門員、保育士などを社会福祉専門職としている。大分類の専門的・技術的職業従事者は相談支援業務、サービス職業従事者は直接処遇業務と区別し、介護職員や訪問介護員などは、サービス職業従事者（大分類）のうちの介護サービス従事者（中分類）となっている。

　介護職員等は、1997（平成9）年の日本標準職業分類では、社会福祉専門職業従事者の中に含まれたが、2009（平成21）年の改訂でサービス職業従事者に分類された。その背景には、「選別的福祉」から「普遍的福祉」への転換がある。介護保険制度の導入（2000（平成12）年）により、介護福祉業界で一般企業の参入を認め、措置制度から利用契約制度に移行した。市場・競争原理を働かせて介護福祉従事者の確保と介護福祉サービスの質向上を図った結果、介護福祉分野がサービス職に位置付けられたと考えられる。

3．社会福祉専門職の歴史

　わが国では、最も歴史の古い社会福祉に関わる専門資格として、1948（昭和23）年に「保母」資格が誕生した。第2次世界大戦後、戦災孤児などの子どもたちの保護が国の急務であった。1947（昭和22）年に「児童福祉法」を制定し、児童相談所の設置や児童福祉施設の整備を進めるなかで、「児童の保育に従事する者」として任用資格「保母」が規定された。

　また、1950（昭和25）年の新「生活保護法」制定により、社会福祉行政の体制が整備され、生活保護など社会福祉を担当する専門職員として、「社会福祉主事」が生まれた。

　その後、急速な高齢化の進行に伴い、要介護高齢者等の著しい増加、世帯規模の縮小や扶養意識の変化、家庭介護力の低下を背景に、1987（昭和62）

年、社会福祉の専門職に係る初めての国家資格「社会福祉士」、「介護福祉士」が創設された。

　1997(平成9)年に「精神保健福祉士法」が制定され、精神保健福祉領域のソーシャルワーカーとして精神障害者の社会復帰・参加促進を担う国家資格「精神保健福祉士」が加わった。

　「保母」資格は、男性の保育現場への進出や「男女が共に育児を行う」意識の高まりなどを受け、1999(平成11)年に男女共通名称「保育士」に変更された。さらに、(2001(平成13)年)「児童福祉法」が改正され、国家資格となった(施行(2003(平成15)年)。

第2節　社会福祉関係国家資格とは

1．社会福祉専門職資格の分類
　ここでは、資格の分類として国家資格を中心に解説する。

　まず、わが国の資格は「国家資格」「公的資格」「民間資格」などに分類される。

　「国家資格」とは、法律に基づいて国が特定の職務に就業するための知識や技術が一定水準以上に達していることを、国家試験などで見極め認定する資格であり、社会福祉関係国家資格では社会福祉士、介護福祉士、精神保健福祉士、保育士がある。

　「国家資格」は大きく2種類に分類できる。「業務独占資格」と「名称独占資格」である。「業務独占資格」は、その資格がなければ業務を行うことができない専門職種で、医師や看護師などが該当する。「名称独占資格」は、その資格がなければ名乗ることができない専門職種で、社会福祉士、介護福祉士、精神保健福祉士、保育士などが該当する。つまり、医師、看護師の業務は、医師、看護師しかその業務を行えないが、社会福祉士、介護福祉士の業務は、資格がなくても業務を行えることになる。しかし、「国家資

格」の有無の大きな違いは、「国家資格」を取得するために、養成教育や国家試験が課せられる点である。専門職として「高水準の能力」をもち、国が公認することにより「社会的信頼」が得られる。

　次に「公的資格」とは財団法人や社団法人、地方自治体などが実施し、各省庁・大臣によって認定される資格であり、介護支援専門員や訪問介護員などがある。「公的資格」に属するもので、特定の職業や職位の任用に必要な資格を「任用資格」といい、社会福祉主事や児童福祉司、母子支援員、身体障害者福祉司、知的障害者福祉司などがある。

　「民間資格」とは民間の団体等が独自に設定した資格をいい、福祉住環境コーディネーター、福祉レクリエーションワーカー、認知症ケア専門士など多数の資格が存在する。

２．社会福祉専門職の倫理

　社会福祉専門職は専門的な知識や技術をもった、人々の幸福実現に向けた支援者であり、社会的信用も厚いと前述した。その背景のひとつとして、職能団体ごとに「倫理綱領」が定められており、それらを専門職が遵守している点があげられる。

　「倫理綱領」の「倫理」とは「人倫のみち。実際道徳の規範となる原理。道徳。」[1]。「倫理綱領」とは「専門職として遵守すべき基準を価値や目指すべき自我像として示したもの。具体的には、それぞれの専門職の望ましい価値態度や従うべき行動規範・義務を明文化したもの。社会福祉専門職が専門職として社会的承認を得て、その地位を確立するためには、倫理綱領をもつことが不可欠である」[2]とある。

　つまり、「倫理綱領」は専門職として守るべき道、理念、目標等を公言したものである。専門職は、これらを遵守することにより、専門性を均一に保っている。職能団体の倫理綱領は時代のニーズに対応しながら知識、技術の研鑽と、専門性の向上に努めることを明示している。

　詳しくは各専門職の倫理綱領（表4－2、4－3、4－4）をあげる。そ

のなかで、福祉専門職として仕事に従事するには、

①「その人らしい生活」（利用者主体・QOL向上・自己実現）の実現に
　向けて支援する。

②個人としての人権を尊重し、利用者のニーズを多角的な視点から把握す
　る。

③自己選択・自己決定ができるように、利用者に必要な情報を適切な方
　法・わかりやすい表現を用いて提供する。

④プライバシーを尊重したり、ニーズを代弁したりするなど利用者の権利
　を擁護する。

⑤他の専門職と連携・協働し、より質の高い専門的で総合的なサービスを
　提供する。

⑥自己研鑽に努め、資質の向上及び後継者の育成等に力を注ぐ。

が重要であるとされる[3]。

3．わが国における社会福祉国家資格

1）社会福祉士

(1)社会福祉士の概要

　社会福祉士とは、「登録を受け、社会福祉士の名称を用いて、専門的知識
及び技術をもって、身体上又は精神上に障害があること又は環境上の理由に
より日常生活を営むのに支障がある者の福祉に関する相談に応じ、助言、指
導、福祉サービスを提供する者または医師その他の保健医療サービスを提供
する者その他の関係者との連絡及び調整その他の援助を行うことを業とする
者」をいう（「社会福祉士及び介護福祉士法」第2条第1項）。

　1987(昭和62)年に「社会福祉士及び介護福祉士法」が制定され、2007(平
成19)年「社会福祉士及び介護福祉士法の一部を改正する法律」によって定
義規定が見直された。そこで「福祉サービスを提供する者または医師その他
の保健医療サービスを提供する者その他の関係者との連絡及び調整」の一文
が付け加えられ、援助のための関係機関との連携・調整がこれまで以上に求

められるようになった。また、2012(平成24)年4月より第三者機関の認定社会福祉士認証・認定機関が認定する認定社会福祉士・認定上級社会福祉士制度が誕生し、社会福祉士のキャリアアップを支援する仕組みが作られた。2020(令和2)年4月1日現在954名の認定者が誕生している。

　社会福祉士の職域は、高齢者施設の相談員、医療ソーシャルワーカー、児童福祉施設指導員・児童自立支援専門員・母子支援員、生活保護施設生活指導員、地域包括支援センターのソーシャルワーカー、公的相談機関相談員、スクールソーシャルワーカー等である。

(2)社会福祉士の養成

　社会福祉の資格を取得するためには、国家試験に合格しなければならない。国家試験受験資格を取得する方法は、図4-1のとおりである。

　2020(令和2)年度国家試験の合格率は29.3％である。2020(令和2)年3月末現在の社会福祉士登録者数は245,181人である[4]。

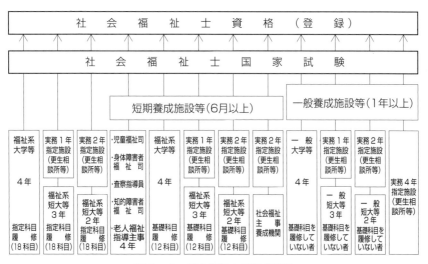

図4-1　社会福祉士の養成課程

〔出典：厚生労働統計協会（2020）国民の福祉と介護の動向2020/2021・厚生の指標　増刊・第67巻第10号、p247〕

表4－2　ソーシャルワーカー倫理綱領　2020（令和2）年8月3日　日本ソーシャル
　　　　ワーカー協会承認

前　文

　われわれソーシャルワーカーは、すべての人が人間としての尊厳を有し、価値ある存在であり、平等であることを深く認識する。われわれは平和を擁護し、社会正義、人権、集団的責任、多様性尊重および全人的存在の原理に則り、人々がつながりを実感できる社会への変革と社会的包摂の実現をめざす専門職であり、多様な人々や組織と協働することを言明する。

　われわれは、社会システムおよび自然的・地理的環境と人々の生活が相互に関連していることに着目する。社会変動が環境破壊および人間疎外をもたらしている状況にあって、この専門職が社会にとって不可欠であることを自覚するとともに、ソーシャルワーカーの職責についての一般社会および市民の理解を深め、その啓発に努める。

　われわれは、われわれの加盟する国際ソーシャルワーカー連盟と国際ソーシャルワーク教育学校連盟が採択した、次の「ソーシャルワーク専門職のグローバル定義」（2014年7月）を、ソーシャルワーク実践の基盤となるものとして認識し、その実践の拠り所とする。

> **ソーシャルワーク専門職のグローバル定義**
>
> 　ソーシャルワークは、社会変革と社会開発、社会的結束、および人々のエンパワメントと解放を促進する、実践に基づいた専門職であり学問である。社会正義、人権、集団的責任、および多様性尊重の諸原理は、ソーシャルワークの中核をなす。ソーシャルワークの理論、社会科学、人文学、および地域・民族固有の知を基盤として、ソーシャルワークは、生活課題に取り組みウェルビーイングを高めるよう、人々やさまざまな構造に働きかける。
>
> 　この定義は、各国および世界の各地域で展開してもよい。（IFSW：2014.7）

　われわれは、ソーシャルワークの知識、技術の専門性と倫理性の維持、向上が専門職の責務であることを認識し、本綱領を制定してこれを遵守することを誓約する。

原　理

Ⅰ　（人間の尊厳）　ソーシャルワーカーは、すべての人々を、出自、人種、民族、国籍、性別、性自認、性的指向、年齢、身体的精神的状況、宗教的文化的背景、社会的地位、経済状況などの違いにかかわらず、かけがえのない存在として尊重する。

Ⅱ　（人権）　ソーシャルワーカーは、すべての人々を生まれながらにして侵すことのできない権利を有する存在であることを認識し、いかなる理由によってもその権利の抑圧・侵害・略奪を容認しない。

Ⅲ　（社会正義）　ソーシャルワーカーは、差別、貧困、抑圧、排除、無関心、暴力、環境破壊などの無い、自由、平等、共生に基づく社会正義の実現をめざす。

Ⅳ　（集団的責任）　ソーシャルワーカーは、集団の有する力と責任を認識し、人と環境の双方に働きかけて、互恵的な社会の実現に貢献する。

Ⅴ　（多様性の尊重）　ソーシャルワーカーは、個人、家族、集団、地域社会に存在する多様性を認識し、それらを尊重する社会の実現をめざす。

Ⅵ　（全人的存在）　ソーシャルワーカーは、すべての人々を生物的、心理的、社会的、文化的、スピリチュアルな側面からなる全人的な存在として認識する。

倫 理 基 準

I　クライエントに対する倫理責任

1. （クライエントとの関係）　ソーシャルワーカーは、クライエントとの専門的援助関係を最も大切にし、それを自己の利益のために利用しない。

2. （クライエントの利益の最優先）　ソーシャルワーカーは、業務の遂行に際して、クライエントの利益を最優先に考える。

3. （受容）　ソーシャルワーカーは、自らの先入観や偏見を排し、クライエントをあるがままに受容する。

4. （説明責任）　ソーシャルワーカーは、クライエントに必要な情報を適切な方法・わかりやすい表現を用いて提供する。

5. （クライエントの自己決定の尊重）　ソーシャルワーカーは、クライエントの自己決定を尊重し、クライエントがその権利を十分に理解し、活用できるようにする。また、ソーシャルワーカーは、クライエントの自己決定が本人の生命や健康を大きく損ねる場合や、他者の権利を脅かすような場合は、人と環境の相互作用の視点からクライエントとそこに関係する人々相互のウェルビーイングの調和を図ることに努める。

6. （参加の促進）　ソーシャルワーカーは、クライエントが自らの人生に影響を及ぼす決定や行動のすべての局面において、完全な関与と参加を促進する。

7. （クライエントの意思決定への対応）　ソーシャルワーカーは、意思決定が困難なクライエントに対して、常に最善の方法を用いて利益と権利を擁護する。

8. （プライバシーの尊重と秘密の保持）　ソーシャルワーカーは、クライエントのプライバシーを尊重し秘密を保持する。

9. （記録の開示）　ソーシャルワーカーは、クライエントから記録の開示の要求があった場合、非開示とすべき正当な事由がない限り、クライエントに記録を開示する。

10. （差別や虐待の禁止）　ソーシャルワーカーは、クライエントに対していかなる差別・虐待もしない。

11. （権利擁護）　ソーシャルワーカーは、クライエントの権利を擁護し、その権利の行使を促進する。

12. （情報処理技術の適切な使用）　ソーシャルワーカーは、情報処理技術の利用がクライエントの権利を侵害する危険性があることを認識し、その適切な使用に努める。

II　組織・職場に対する倫理責任

1. （最良の実践を行う責務）　ソーシャルワーカーは、自らが属する組織・職場の基本的な使命や理念を認識し、最良の業務を遂行する。

2. （同僚などへの敬意）　ソーシャルワーカーは、組織・職場内のどのような立場にあっても、同僚および他の専門職などに敬意を払う。

3. （倫理綱領の理解の促進）　ソーシャルワーカーは、組織・職場において本倫理綱領が認識されるよう働きかける。

4. （倫理的実践の推進）　ソーシャルワーカーは、組織・職場の方針、規則、業務命令がソーシャルワークの倫理的実践を妨げる場合は、適切・妥当な方法・手段によって提言し、改善を図る。

5. （組織内アドボカシーの促進）　ソーシャルワーカーは、組織・職場におけるあらゆる虐待または差別的・抑圧的な行為の予防および防止の促進を図る。

6. （組織改革）　ソーシャルワーカーは、人々のニーズや社会状況の変化に応じて組織・職場の機能を評価し必要な改革を図る。

Ⅲ　社会に対する倫理責任

1．（ソーシャル・インクルージョン）　ソーシャルワーカーは、あらゆる差別、貧困、抑圧、排除、無関心、暴力、環境破壊などに立ち向かい、包摂的な社会をめざす。

2．（社会への働きかけ）　ソーシャルワーカーは、人権と社会正義の増進において変革と開発が必要であるとみなすとき、人々の主体性を活かしながら、社会に働きかける。

3．（グローバル社会への働きかけ）　ソーシャルワーカーは、人権と社会正義に関する課題を解決するため、全世界のソーシャルワーカーと連帯し、グローバル社会に働きかける。

Ⅳ　専門職としての倫理責任

1．（専門性の向上）　ソーシャルワーカーは、最良の実践を行うために、必要な資格を所持し、専門性の向上に努める。

2．（専門職の啓発）　ソーシャルワーカーは、クライエント・他の専門職・市民に専門職としての実践を適切な手段をもって伝え、社会的信用を高めるよう努める。

3．（信用失墜行為の禁止）ソーシャルワーカーは、自分の権限の乱用や品位を傷つける行いなど、専門職全体の信用失墜となるような行為をしてはならない。

4．（社会的信用の保持）　ソーシャルワーカーは、他のソーシャルワーカーが専門職業の社会的信用を損なうような場合、本人にその事実を知らせ、必要な対応を促す。

5．（専門職の擁護）　ソーシャルワーカーは、不当な批判を受けることがあれば、専門職として連帯し、その立場を擁護する。

6．（教育・訓練・管理における責務）　ソーシャルワーカーは、教育・訓練・管理を行う場合、それらを受ける人の人権を尊重し、専門性の向上に寄与する。

7．（調査・研究）　ソーシャルワーカーは、すべての調査・研究過程で、クライエントを含む研究対象の権利を尊重し、研究対象との関係に十分に注意を払い、倫理性を確保する。

8．（自己管理）　ソーシャルワーカーは、何らかの個人的・社会的な困難に直面し、それが専門的判断や業務遂行に影響する場合、クライエントや他の人々を守るために必要な対応を行い、自己管理に努める。

注）日本ソーシャルワーカー協会、日本社会福祉士会、日本精神保健福祉士協会、日本医療社会福祉協会の4団体が、この綱領を2005（平成17）年度に採択した。2020（令和2）年改訂。ただし、社会福祉士会は言葉をソーシャルワーカーではなく、社会福祉士とし、別に行動基準を設けている。また、精神保健福祉士協会は別に、以前からの協会独自の倫理綱領を定めているなど団体ごとの差はある。

2）介護福祉士

(1)介護福祉士の概要

　介護福祉士とは、「登録を受け、介護福祉士の名称を用いて専門的知識及び技術をもって、身体上又は精神上に障害があることにより日常生活を営むのに支障がある者につき、心身の状況に応じた介護（喀痰吸引その他のその者が日常生活を営むのに必要な行為であって、医師の指示の下に行われるも

のを含む）を行い、ならびにその者及びその介護者に対して介護に関する指導を行うことを業とする者」をいう（「社会福祉士及び介護福祉士法」第2条第2項）。

　1987（昭和62）年に「社会福祉士及び介護福祉士法」が制定され、2007（平成19）年「社会福祉士及び介護福祉士法の一部を改正する法律」によって定義規定が見直された。そこでは、認知症やさまざまな障害の増加等により多様化・高度化するニーズに対応できることが求められ、介護福祉士の業務内容が、従来の「入浴、排せつ、食事その他の介護」から「心身の状況に応じた介護」に変わった。

　また、2011（平成23）年の「介護サービスの基盤強化のための介護保険法等の一部を改正する法律」で、2012（平成24）年から認定特定行為業務従事者として都道府県知事の認定を受けた介護職員等が喀痰吸引と経管栄養の業務を行うことが可能となった。

　2016（平成28）年度介護福祉士国家試験合格者及び、介護福祉士養成施設卒業生については、就業先である「登録喀痰吸引等事業者」で実地研修を受け、修了し喀痰吸引等行為の登録申請後、喀痰吸引等の実施ができるようになった。

　介護福祉士の職域は、特別養護老人ホームや老人保健施設、グループホーム、訪問介護などがある。近年は、ケアハウス、有料老人ホーム、介護サービス付き高齢者向け住宅、福祉用具販売店などにも広がっている。また、障害者支援施設や障害福祉サービス事業所などにもニーズがある。

(2)介護福祉士の養成

　介護福祉士の資格を取得するには、図4－2のように、大きく分けると、①養成施設ルート、②実務経験ルート（実務経験3年以上＋実務者研修修了）、③福祉系高校ルートがある。その他、公益財団法人 社会福祉振興・試験センターが示す資格取得ルートでは、経済連携協定による外国人介護福祉士候補者をEPAルートとして表記している。どのコースであっても原則として介護福祉士の国家試験を受験し合格することとされている。養成施設

コースについては、介護福祉士の資質向上を図る観点から、2007（平成19）年の法律改正にて、資格取得方法の一元化が図られ、2017（平成29）年度から、養成施設卒業者も介護福祉士国家試験の受験義務化が示された。ただし、介護現場の人材確保の観点より、さらに5年間延期され、完全義務化は2027（令和9）年度からとなった。2026（令和8）年度末までの養成施設卒業生は、国家試験を受験（合格）しなくても資格を得られる経過措置がとられる。この間に国家試験に合格するか、卒業後介護職として5年間従事することで、介護福祉士資格を継続することができる。

2020（令和2）年度国家試験の合格率は約69.9％であった。2020（令和2）年3月末現在の介護福祉士登録者数は1,694,630人である[5]。

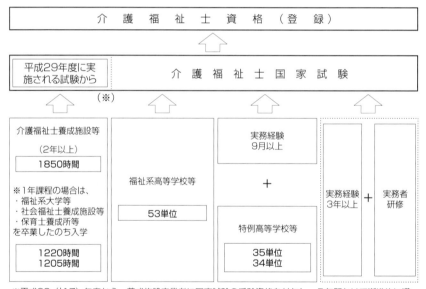

※平成29（'17）年度から、養成施設卒業者に国家試験の受験資格を付与し、5年間かけて漸進的に導入し、令和4（'22）年度より完全実施される予定であったが、さらに5年間延長された。

図4-2　介護福祉士の養成課程

〔出典：厚生労働統計協会（2020）国民の福祉と介護の動向2020/2021・厚生の指標　増刊・第67巻第10号、p247〕

表4－3　日本介護福祉士会倫理綱領　1995(平成7)年11月17日宣言

前　文

　私たち介護福祉士は、介護福祉ニーズを有するすべての人々が、住み慣れた地域において安心して老いることができ、そして暮らし続けていくことのできる社会の実現を願っています。

　そのため、私たち日本介護福祉士会は、一人ひとりの心豊かな暮らしを支える介護福祉の専門職として、ここに倫理綱領を定め、自らの専門的知識・技術及び倫理的自覚をもって最善の介護福祉サービスの提供に努めます。

1．利用者本位、自立支援

　　介護福祉士はすべての人々の基本的人権を擁護し、一人ひとりの住民が心豊かな暮らしと老後が送れるよう利用者本位の立場から自己決定を最大限尊重し、自立に向けた介護福祉サービスを提供していきます。

2．専門的サービスの提供

　　介護福祉士は、常に専門的知識・技術の研鑽に励むとともに、豊かな感性と的確な判断力を培い、深い洞察力をもって専門的サービスの提供に努めます。

　　また、介護福祉士は、介護福祉サービスの質的向上に努め、自己の実施した介護福祉サービスについては、常に専門職としての責任を負います。

3．プライバシーの保護

　　介護福祉士は、プライバシーを保護するため、職務上知り得た個人の情報を守ります。

4．総合的サービスの提供と積極的な連携、協力

　　介護福祉士は、利用者に最適なサービスを総合的に提供していくため、福祉、医療、保健その他関連する業務に従事する者と積極的な連携を図り、協力して行動します。

5．利用者ニーズの代弁

　　介護福祉士は、暮らしを支える視点から利用者の真のニーズを受けとめ、それを代弁していくことも重要な役割であると確認したうえで、考え、行動します。

6．地域福祉の推進

　　介護福祉士は、地域において生じる介護問題を解決していくために、専門職として常に積極的な態度で住民と接し、介護問題に対する深い理解が得られるよう努めるとともに、その介護力の強化に協力していきます。

7．後継者の育成

　　介護福祉士は、すべての人々が将来にわたり安心して質の高い介護を受ける権利を享受できるよう、介護福祉士に関する教育水準の向上と後継者の育成に力を注ぎます。

3）精神保健福祉士

(1)精神保健福祉士の概要

　精神保健福祉士とは、「登録を受け、精神保健福祉士の名称を用いて、精神障害者の保健及び福祉に関する専門的知識及び技術をもって、精神科病院その他の医療施設において、精神障害の医療を受け、または精神障害者の社会復帰の促進を図ることを目的とする施設を利用している者の地域相談支援

の利用に関する相談その他の社会復帰に関する相談に応じ、助言、指導、日常生活への適応のために必要な訓練その他の援助を行うことを業とする者」をいう（「精神保健福祉士法」第2条）。

精神保健福祉士は、精神科ソーシャルワーカー（PSW）という名称で、1950年代精神科医療機関を中心に、医療チームのメンバーとして導入された専門職である。社会福祉学を学問的基盤として、精神障害者の生活上・社会関係上の問題解決に向けて援助をし、社会参加を通したその人らしいよりよい生活を支援する。特に社会復帰・権利擁護等の問題に対して相談援助を行い、関係機関の連携の中心となってネットワークを活用し支援する。

精神保健福祉士の職域は、医療機関、福祉行政機関、障害福祉サービス事業所、司法施設、その他ハローワークや社会福祉協議会などであり、国民の精神保健保持に資する役割はますます重要視されている。

⑵精神保健福祉士の養成

精神保健福祉士の資格を取得するには、国家試験に合格しなければならない。国家試験受験資格の取得については、図4－3のとおりである。

2020（令和2）年度国家試験の合格率は約62.1％であった。2020（令和2）年3月末現在の精神保健福祉士登録者数は89,121人である[6]。

4）保育士

⑴保育士の概要

保育士とは、「登録を受け、保育士の名称を用いて専門的知識及び技術をもって、児童の保育及び児童の保護者に対する保育に関する指導を行うことを業とする者」をいう（「児童福祉法」第18条の4）。

我が国では、少子化の進行や家庭・地域を取り巻く環境の変化の中で、保育を取り巻く社会状況も変化を迎えた。1998（平成10）年の「児童福祉法」改正で、保育所による家庭や地域への子育て支援の努力義務が課せられた。2000（平成12）年の新エンゼルプランの実施で、保育士は、育児相談・育児講座・園庭開放など地域での子育て専門職として求められた。2001（平成13）年

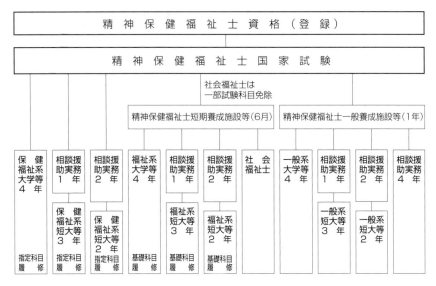

図4-3　精神保健福祉士の養成課程

〔出典：厚生労働統計協会（2020）国民の福祉と介護の動向2020/2021・厚生の指標　増刊・第67巻第10号、p249〕

の「児童福祉法」改正では、「保育所に勤務する保育士は、乳児、幼児等の保育に関する相談に応じ、及び助言を行うために必要な知識及び技能の習得、維持及び向上に努めなければならない」（同法第48条の3第2項）とされた。

　その後、保護者の就労の有無での利用施設の限定や待機児童の増加、地域や家庭での子育て機能の低下など、就労前の子どもの教育・保育についての問題が取り上げられ、2006(平成18)年に「就学前の子どもに関する教育、保育等の総合的な提供の推進に関する法律」が制定され、幼保一体化施設として認定こども園制度が開始された。2012(平成24)年8月に「子ども・子育て関連3法」が成立し、幼保連携型認定こども園に配置される職員は、原則として幼稚園教諭の普通免許状と保育士資格の両方を有する保育教諭であることが規定されたが、2024(令和6)年度末までは、一方の免許状または資格で勤務ができる特例が設けられた。また、同年度末まで、一方の免許状または

表4－4　全国保育士会倫理綱領（2003(平成15)年策定）

　すべての子どもは、豊かな愛情のなかで心身ともに健やかに育てられ、自ら伸びていく無限の可能性を持っています。
　私たちは、子どもが現在（いま）を幸せに生活し、未来（あす）を生きる力を育てる保育の仕事に誇りと責任をもって、自らの人間性と専門性の向上に努め、一人ひとりの子どもを心から尊重し、次のことを行います。

　　　私たちは、子どもの育ちを支えます。
　　　私たちは、保護者の子育てを支えます。
　　　私たちは、子どもと子育てにやさしい社会をつくります。

（子どもの最善の利益の尊重）
　1．私たちは、一人ひとりの子どもの最善の利益を第一に考え、保育を通してその福祉を積極的に増進するよう努めます。
（子どもの発達保障）
　2．私たちは、養護と教育が一体となった保育を通して、一人ひとりの子どもが心身ともに健康、安全で情緒の安定した生活ができる環境を用意し、生きる喜びと力を育むことを基本として、その健やかな育ちを支えます。
（保護者との協力）
　3．私たちは、子どもと保護者のおかれた状況や意向を受けとめ、保護者とより良い協力関係を築きながら、子どもの育ちや子育てを支えます。
（プライバシーの保護）
　4．私たちは、一人ひとりのプライバシーを保護するため、保育を通して知り得た個人の情報や秘密を守ります。
（チームワークと自己評価）
　5．私たちは、職場におけるチームワークや、関係する他の専門機関との連携を大切にします。
　　また、自らの行う保育について、常に子どもの視点に立って自己評価を行い、保育の質の向上を図ります。
（利用者の代弁）
　6．私たちは、日々の保育や子育て支援の活動を通して子どものニーズを受けとめ、子どもの立場に立ってそれを代弁します。
　　また、子育てをしているすべての保護者のニーズを受けとめ、それを代弁していくことも重要な役割と考え、行動します。
（地域の子育て支援）
　7．私たちは、地域の人々や関係機関とともに子育てを支援し、そのネットワークにより、地域で子どもを育てる環境づくりに努めます。
（専門職としての責務）
　8．私たちは、研修や自己研鑽を通して、常に自らの人間性と専門性の向上に努め、専門職としての責務を果たします。

資格を有する者で、3年かつ4,320時間以上の実務経験者には、所定科目8単位履修により資格取得できる特例制度が実施されている。

　その他、地域限定保育士資格がある。地域限定保育士とは、地域限定保育士試験に合格した地域（自治体）で働くことのできる保育士で、資格取得後3年間は当該自治体内のみ、4年目以降は全国で、「保育士」として働くことができる。2015(平成27)年の通常国会で成立した「国家戦略特別区域法及び構造改革特別区域法の一部を改正する法律」により創設された資格である。

　保育士の職域は、主として児童福祉施設で、特に保育所に勤務する保育士が多い。認定こども園、児童養護施設、障害児入所施設、児童心理治療施設、児童発達支援センター、児童自立支援施設、乳児院などにも配置される。母子生活支援施設の母子支援員や学童保育の指導員の資格要件にも定められている。

(2)保育士の養成

　保育士の資格を取得するためには、指定保育士養成施設を卒業するか、都道府県知事が行う保育士試験を受験し合格しなければならない（図4－4）。

　また、2018(平成30)年より保育士試験の一部改正により「社会福祉士、介護福祉士、精神保健福祉士」である者は、筆記試験科目の「社会的養護」、「児童家庭福祉」、「社会福祉」を免除することができるなど改定が行われた。

　2018(平成30)年度国家試験合格率は約26.2％であった。2019(平成31)年4月現在の保育士登録者数は1,598,556人である[7]。

5）国家資格以外の専門資格

(1)介護支援専門員

　2000(平成12)年4月に介護保険制度の施行に伴い、介護支援サービス機能を担う専門職として、介護支援専門員が創設された。

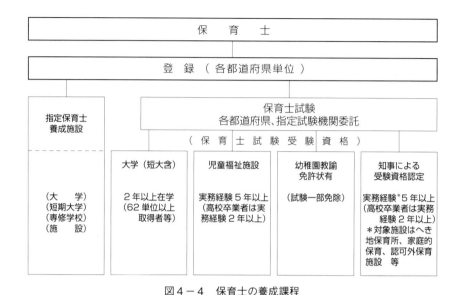

図4-4 保育士の養成課程

〔出典：厚生労働統計協会（2020）国民の福祉と介護の動向2020/2021・厚生の指標 増刊・第67巻第10号、p251〕

　介護支援専門員の機能と役割は、「介護保険の目的に沿って、自立した生活を継続すること、また、要介護状態の軽減または悪化の予防に資することをめざして、適切な保健医療サービスおよび福祉サービスが総合的かつ効率的に提供されるよう、利用者を支援すること」[8]である。

　介護支援専門員の資格を取得するには、介護支援専門員実務研修受講試験に合格した者が、同実務研修を修了し、都道府県の登録の上、介護支援専門員証の交付を受ける必要がある。受験資格については、2018（平成30）年の試験より、①保健・医療・福祉に係る法定資格を保有し実務経験が5年の者、②相談援助業務（生活相談員、支援相談員、相談支援専門員、主任相談支援員）の実務経験が5年の者に改正された。

　介護支援専門員の資質向上及び専門性向上を図るため、2005（平成17）年の介護保険制度改正により、5年の更新制が導入された。2006（平成18）年には、主任介護支援専門員が創設され、地域包括支援センターへの配置が義務

づけられた。主任介護支援専門員になるには、介護支援専門員として5年以上実務経験を積み、主任介護支援専門員研修を修了する必要がある。

(2)訪問介護員

　訪問介護員とは、居宅で生活する要介護者・要支援者や障害者の自宅を訪問して、入浴、排せつ、食事等の身体介護や、調理、掃除、洗濯等の生活援助といった日常生活上の援助や生活等に関する相談や助言等を行う者をいう。

　「介護保険法」第8条第2項より、「訪問介護」は「介護福祉士その他政令で定める者」が行う。「その他政令で定める者」とは、各都道府県が指定した事業者が実施する「介護職員初任者研修」を修了し、修了証明書の交付を受けた者である。

　以前は、資格取得のための研修は、訪問介護員養成研修1級・2級であったが、2013(平成25)年より、訪問介護員養成研修2級は「介護職員初任者研修」、訪問介護員養成研修1級は、介護職員基礎研修とともに「実務者研修」に移行した。

(3)社会福祉主事

　社会福祉主事は、「社会福祉法」第18条・第19条に規定されている。職務は「福祉事務所などで『生活保護法』、『児童福祉法』、『母子及び父子並びに寡婦福祉法』、『老人福祉法』、『身体障害者福祉法』及び『知的障害者福祉法』に定める援護、育成又は更生の措置に関する事務を行う」ことである。また、社会福祉主事任用資格が必要な職種には、社会福祉施設の施設長や生活相談員等がある。

　社会福祉主事の資格を取得するには、以下の方法がある。①大学（短期大学を含む）において厚生労働大臣の指定する指定科目を修めて卒業する、②厚生労働大臣の指定する養成機関、講習会の課程を修了する、③社会福祉士資格を取得する、④厚生労働大臣の指定する社会福祉事業従事者試験に合格する、⑤前記に掲げる者と同等以上の能力を有すると認められる者として厚生労働省令で定められた者、である。

第3節　社会福祉専門職の課題

1．社会福祉専門職の現状と課題
1）社会福祉専門職の人材不足

　わが国では、少子高齢化にともない様々な産業において人材不足が問題となっている。特に社会福祉専門職において顕著である。

　介護分野については、厚生労働省資料「福祉・介護人材の確保に向けた取組について」[9] によると「2016（平成28）年度の介護職員は、約190万人であり、団塊の世代がすべて75歳以上になる2025（令和7）年には、約245万人の介護職員が必要とされ、毎年6万人程度の人材の確保が必要」となる。また、「介護現場で働く介護福祉士は、83万人で、介護職員に占める介護福祉士の割合は45.2%」であった。「介護福祉士登録者149万人に占める介護福祉士の従事率は55%」で潜在的有資格者も多い。介護福祉士の国家試験の受験資格に実務者研修が義務付けられた2016（平成28）年度以降、受験者が大幅に減少し、2015（平成27）年度の15.3万人から2016（平成28）年度は7.6万人となった。減少理由は実務者研修の義務化に対する負担感や、受講費の負担等であるが、実務者研修受講者に最大20万円の貸付を受け、介護福祉士資格取得後介護の仕事に2年以上従事すれば返済が免除される「実務者研修受講資金貸付制度」もあるため周知・普及等も求められる。介護人材不足の対策としては、介護職員の処遇改善、介護ロボット・ICTの活用、外国人労働者（EPA、技能実習生、在留資格介護など）の受け入れ等の整備がなされている。

　介護福祉士の離職理由は、「職場の理念や運営に対する不満、人間関係、賃金や勤務時間、身体的負担等に関する悩み、不安、不満」[10] があがっており、離職率は他産業に比べてやや高い状況にある。令和元年度介護労働実態調査によると、労働条件・仕事の負担についての悩み、不安、不満等（複

数回答）として、「人手が足りない（55.7％）」、「仕事内容の割に賃金が低い（39.8％）」、「身体的負担が大きい（29.5％）」などが挙げられている。

　保育分野については、2019（平成31）年 4 月時点の待機児童数は、16,772人おり、待機児童解消のため保育の受け皿確保、保育人材確保等「子育て安心プラン（2018（平成30）年度から 3 か年計画）」を推進している。保育人材については約7.7万人分の確保が必要だといわれている。「平成30年社会福祉施設等調査の概況」によれば、常勤従事者は保育所等の「保育士」が375,312人、「保育教諭」は85,290人（うち保育士資格保有者は77,672人）である。厚生労働省雇用均等・児童家庭局保育課調べによると2013（平成25）年の保育士資格登録者数119万人のうち勤務者数は約43万人であり、潜在的保育士は約76万人（約64％）と多い。また、厚生労働省によれば、2020（令和 2 ）年 7 月 の保育士有効求人倍率は2.29倍、全職種平均の1.05倍と比べると高く、今後も保育士不足は続くと考えられる。

　厚生労働省資料「保育を支える保育士の確保に向けた総合的取組」[11]によると保育士資格を有しながら就職を希望しない理由は、「賃金が希望と合わない（47.5％）」、「他職種への興味（43.1％）」、「責任の重さ・事故への不安（40.0％）」、「自身の健康・体力への不安（39.1％）」、「休暇が少ない・休暇が取りにくい（37.0％）」、「就業時間が希望と合わない（26.5％）」、「子育てとの両立が難しい（26.0％）」等がある。また、野村総合研究所の調査によれば、保育士就労意欲を持つ潜在保育士が就労するうえで最も重要なものとして「金銭的報酬」以外を選択した人の過半数（54.2％）が、「勤務時間や勤務日など希望に合った柔軟な働き方」[12]であったという結果が出ている。

2 ）社会福祉専門職の人材確保対策

　社会福祉専門職は多様化するニーズや問題に応えるべく高い専門性を求められる。しかし、医療・福祉分野の他専門職と比べて平均賃金が低い状況

や、健康管理、就業時間、休暇の取得等仕事と家庭生活を両立することが困難な状況などがある。質の高い専門職の安定確保が難しい一方で、対象者の笑顔や感謝が励みになるとか、生涯発達を、本人やその家族と共感する喜びなど、やりがいも高く、社会に求められる魅力ある職業でもある。

そういった観点に立つと、今後も継続して専門職の処遇・環境改善と、専門職そのものの魅力の再確認・発信が必要である。

介護福祉士においては、「介護職員処遇改善加算」の導入、介護分野の環境整備に向けた介護福祉機器や雇用管理制度を導入・適用した事業主に対する助成措置の実施、キャリアパスの確立などの取り組みが行われている。また、介護労働安定センターによる事業所の雇用管理改善（募集採用、労働時間、賃金制度、従業員間のコミュニケーション等）に関する相談援助や、都道府県または都道府県が認める団体による、介護職員として再就職を支援する再就職準備金制度なども実施されている。

保育士においては、必要な保育人材を確保できるよう①人材育成、②再就職支援、③就業継続支援、④働く職場の環境改善に取り組んでいる。例えば、2015（平成27）年より処遇改善等加算の実施、2017（平成29）年から保育士のキャリアアップ研修が導入され、保育士の待遇向上、専門性の強化を図っている。また、「潜在的保育士」の再就職支援に向けた研修プログラムや雇用対策が進められている。実務経験のある幼稚園教諭の保育士資格取得のための講習、受講費支援も実施されている。

その他、公共職業訓練、求職者支援訓練においても、2009（平成21）年から、介護福祉士養成コース、保育士養成コース（各2年間）が実施された。また、現在は介護福祉士・保育士を目指す学生への修学資金の貸付制度も設けられている。

3）地域福祉の推進と社会福祉専門職

次に、社会福祉専門職における時代のニーズについて考える。「社会福祉士」の分野は、社会福祉士制度施行から現在の間で、取り巻く状況は大きく

変化した。2000（平成12）年の介護保険制度及び2003（平成15）年の障害者支援費制度の施行により、福祉サービスが措置制度から契約制度へと移行した。また、2005（平成17）年の「介護保険法」改正により、全国の自治体に地域包括支援センターが設けられ、地域生活の継続支援・権利擁護・包括的支援・総合相談業務等の専門職として、社会福祉士が必置となった。また、2006（平成18）年に「障害者自立支援法」が施行され、2013（平成25）年４月には「障害者総合支援法」に改正し、障害者ケアにおいてもより幅広い支援が求められることとなった。社会福祉士は、子育てや保育、高齢者の介護、障害児・者支援、ひとり親への支援、外国人労働者支援などニーズの多様化に応じた相談援助が求められている。とくに、地域福祉を基調とした役割が生じている。

　「精神保健福祉士」の分野については、「令和２年版厚生労働白書」によると、「精神疾患患者は、2017（平成29）年は419.3万人となり、いわゆる５大疾患（がん、脳卒中、急性心筋梗塞、糖尿病、精神疾患）の中で最も多い状況になっている。精神病床における新規入院患者の入院後１年以内の退院率は約９割でほぼ横ばいであるが、退院患者の平均在院日数は減少傾向にある。また、うつ病等の気分障害や認知症の患者数が増加し、薬物依存や発達障害への対応等の社会的要請が高まっているなど、精神科医療に対する需要は多様化している。精神医療は2004（平成16）年に精神保健福祉対策本部が「精神保健福祉施策の改革ビジョン」で基本理念「入院医療中心から地域生活中心へ」を示した。2017（平成29）年度より、精神障害者が地域の一員として安心して自分らしい暮らしをすることができるよう、第５期障害福祉計画（2018（平成30）～2020（令和２）年度）において、障害保健福祉圏域ごとの保健・医療・福祉関係者による協議の場を通じて、精神科病院等の医療機関、地域援助事業者、自治体等、関係者間の顔の見える関係を構築し、地域の課題を共有化した上で、「精神障害にも対応した地域包括ケアシステムの構築」に資する取組みを推進している[13]

　「介護福祉士」の分野は、社会構造の変化や高齢者のニーズに応えるため

に「地域包括ケアシステム」の実現を目指している。「地域包括ケアシステム」とは、地域の事情に応じて高齢者が、可能な限り、住み慣れた地域でその有する能力に応じ自立した日常生活を営むことができるよう、医療、介護、介護予防、住まい及び自立した日常生活の支援が包括的に確保される体制のことである。そこで、地域の実情に応じた支援を行う上でも、介護人材の確保及び質の向上が求められている。

　「保育士」の分野では、2015（平成27）年「子ども・子育て支援新制度」において、地域のすべての子育て家庭を対象に、地域のニーズに応じた様々な子育て支援の形が生まれている。例えば、会社の保育施設などで、従業員の子どもと地域の子どもを一緒に保育する「事業所内保育」や、公共施設や保育所などで気軽に親子の交流や子育て相談ができる「地域子育て支援拠点」、子育て家庭や妊産婦の困りごと等に合わせて、情報の提供や支援の紹介などを行う「利用者支援」なども創設されている。保育士は、家庭や地域の子育て支援を担う専門職として、相談支援や地域福祉の状況に理解を深めることが求められている。

　このように、社会福祉士や精神保健福祉士、介護福祉士、保育士といった社会福祉専門職は、「地域福祉」のニーズに対応することが求められている。対象者が、住み慣れた地域で、安心できる生活の仕方、なじみのある環境や人間関係の中で暮らせるように、個々に合った福祉・保健・医療サービスの活用を促進させる力が要求される。そこには、対象者の気持ちやニーズを理解する力や、多職種と協働・連携する力、様々なサービスをマネジメントする力などが求められている。

注

1）新村出編『広辞苑第七版』岩波書店（2018）p3106
2）山縣文治・柏女霊峰編『社会福祉用語辞典　第9版』ミネルヴァ書房（2014）p385
3）ソーシャルワーカー倫理綱領、日本介護福祉士会倫理綱領、全国保育士会倫理綱領を要約し、上記の6項目を列挙した。
4）厚生労働統計協会『厚生の指標　増刊　国民の福祉と介護の動向2020/2021（第67巻第10

号）』（2020）p247

5）厚生労働統計協会、同掲書p248

6）厚生労働統計協会、同掲書p250

7）厚生労働統計協会、同掲書p251

8）介護支援専門員実務研修テキスト作成委員会『介護支援専門員実務研修テキスト　5訂』長寿社会開発センター（2012）p16

9）厚生労働省資料「福祉・介護人材の確保に向けた取組について」
https://www.mhlw.go.jp/content/12201000/000363270.pdf（最終閲覧日2020.12.15）

10）社会福祉振興・試験センター「平成27年度社会福祉士・介護福祉士就労状況調査」
http://www.sssc.or.jp/touroku/results/pdf/h27/results_sk_h27.pdf（最終閲覧日2020.12.15）

11）厚生労働省資料「「保育を支える保育士の確保に向けた総合的取組」の公表」
https://www.mhlw.go.jp/file/04-Houdouhappyou-11907000-Koyoukintoujidoukateikyoku-Hoikuka/0000026218.pdf（最終閲覧日2020.12.15）

12）野村総合研究所「保育士としての就労状況や就労意向に関するアンケート調査」
www.nri.com > NRI

13）厚生労働省『令和2年版厚生労働白書―令和時代の社会保障と働き方を考える―』（2020）pp463-464

第5章　社会福祉援助技術

　社会福祉援助技術とは、ソーシャルワーカーなどの社会福祉実践を行う対人援助職が用いる援助技術である。具体的には、個別援助技術（ケースワーク）や集団援助技術（グループワーク）と言われる直接援助技術、地域援助技術（コミュニティワーク）や社会福祉調査法（ソーシャルワーク・リサーチ）、社会福祉運営管理（ソーシャル・ウェルフェア・アドミニストレーション）、社会福祉計画法（ソーシャル・ウェルフェア・プランニング）、社会活動法（ソーシャル・アクション）などの間接援助技術がある。そして、ネットワーク、ケアマネジメント、スーパービジョン、カウンセリング、コンサルテーションといった関連援助技術があげられる。これらの技術についての具体的な説明は、後述する。

　ソーシャルワーカーが行う援助活動は、社会生活を送る中で困難を抱える人びとの生活上の課題を、その課題解決の主体となる人たちと協働することにある。これは、社会生活を送る中で困難を抱える人たちと必要な制度や社会福祉サービスとを結びつけたり、その人たちを取り巻く環境に働きかけたりしながら行う活動である。

　現代社会において、生活上の課題は多様化・複雑化してきている。そのため対人援助を行う専門職には、生活上の課題を多面的に捉え、全体像を把握する視点が求められる。直接援助技術や間接援助技術、関連援助技術は、それぞれが単独で用いられるのではなく、それぞれの援助方法を相互に関連させ、包括的に用いる視点が必要である。

　また、国際ソーシャルワーカー連盟は「ソーシャルワーク専門職のグローバル定義」（2014年）を提唱している。この定義は、「ソーシャルワークは、社会変革と社会開発、社会的結束、および人々のエンパワメントと解放

を促進する実践に基づいた専門職であり、学問である。社会正義、人権、集団的責任、および多様性尊重の諸原理は、ソーシャルワークの中核をなす。ソーシャルワークの理論、社会科学、人文学および地域・民族固有の知を基盤として、ソーシャルワークは、生活課題に取り組み、ウェルビーイングを高めるよう、人々や様々な構造に働きかける。この定義は、各国および世界の各地域で展開してもよい」とあり、ソーシャルワークについての考え方を示している。

　本章においては、これらの社会福祉援助技術の基本的な体系に従って、それぞれの概要を確認していきたい。

第1節　個別援助技術とは

1．個別援助技術のはじまり

　個別援助技術の前史は、1870年代にイギリス各都市で設立された慈善組織協会（Charity Organization Society：COS）に見ることができる。慈善組織協会が設立された背景には、たくさんあった慈善組織がそれぞれの救済（救貧）活動を行うことで、組織間相互の情報交換が行えず、看過と漏洩が起こり、救済に偏りが出たため、それを是正しようとしたものである。慈善組織協会の活動は、友愛訪問員が貧困者を訪問し、人格的な感化を行い、貧困者の道徳的改良を目指すものだった。その後1870年代後半にはアメリカに波及し、各主要都市に設立されていった。これらの協会では、有給専任職員が雇われ、後にケースワークを理論化し、「ケースワークの母」と称されるリッチモンド（Richmond, M.）も常任書記として雇用された。リッチモンドは自身の友愛訪問員としての活動をもとに1917（大正6）年に『社会診断』を著し、1922（大正11）年には『ソーシャル・ケース・ワークとは何か』において、「ソーシャル・ケースワークは人間と社会環境との間を個別に、意識的に調整することを通してパーソナリティを発達させる諸過程からなり立って

いる」と定義し、個別援助活動の方法を明確にした。

その後1920年代のアメリカ社会では、第一次世界大戦において赤十字がソーシャルワーカーを派遣し、戦争神経症者への援助や兵隊家族への心理的、精神的な援助を実施した。その頃アメリカ社会では、フロイト（Freud, S.）の精神分析の広まりがあり、ソーシャルケースワークもその影響を強く受けたことで、診断主義ケースワークが登場し、面談室での相談中心となる。

しかし、1929（昭和4）年に起こった世界大恐慌を契機にソーシャルケースワークの方法は、2つに分断されることとなる。一つは、診断主義ケースワークであり、もう一つは貧困者などの経済的援助を行う機能主義ケースワークである。機能主義ケースワークは、ランク（Rank, O.）の意志療法を理論的基盤にもち、「対象者の自我を建設的で積極的なものとみなし、自我の創造的統合力（意志）」に視点を当てたものだった。

2. 医学モデルから生活モデルへ

診断主義ケースワークは、フロイトの精神分析の影響を強く受け、クライエント（利用者）のパーソナリティの発達に焦点を当て、社会環境への適応を目指していくことをその援助の狙いとしていた。そのため、過去の生育歴、援助者の主導性、調査—診断—治療の援助過程を重視し、これが医療上の一連の手続きに似ていることから医学モデルと呼ばれた。またこの頃の援助者（ケースワーカー）は、面談室での相談に重点を置いていたこともあり「小さな精神科医」と呼ばれるようになった。一方、面談室での相談だけでは解決することができない問題に対し、機能主義ケースワークを確立させていく。これはランクの考えに基づくものからタフト（Taft, J.）の「援助している機関の機能の違いによってケースワーク援助の内容は異なってくる」とする理論を加えた。

この2つのケースワークは、診断主義ケースワークが自我心理学の影響を受けたホリス（Hollis, F.）の「心理・社会的アプローチ」へ、機能主義ケー

スワークはスモーリー（Smalley, R.）によって精緻化され「機能的アプローチ」へと発展していく。また、パールマン（Perlman, H.）によって、両派の理論を統合しようとする試みがなされ、「問題解決アプローチ」を提唱する。さらに、学習理論や行動療法を基礎とする「行動変容アプローチ」が登場し、課題中心アプローチや危機介入アプローチなどの新たな援助技術の方法が登場する。

　また、1960年代後半〜70年代にかけて、生態学の考え方を取り入れようとする動きが生まれた。これは、人間の社会生活上の問題を、クライエントのパーソナリティにのみ働きかけて解決を図ることは無理があり、精神分析に偏った医学モデルに対する反省から起こった動きである。これを「生活モデル」と言い、人間と環境との相互作用を重視し、クライエントを環境と切り離した個人としてではなく、家族や地域社会の一員として捉えることにより、生活上の諸問題を環境との関係上の所産として把握しようとするものである。そのため、その介入の焦点は、クライエントと環境との接触面に向けられるというものである。

　この後、1980年代には、ストレングスモデルという概念が出てきた。これは、人間は成長しつづける存在であると考え、今まではクライエントのことを問題や障がいを抱えた人、不適応の人として捉えられてきたのを、その人の長所や強さ、もっている資源に焦点をあてる考え方へと変化させた。またこれは、クライエントは生活課題に取り組む力があり、援助を活用する問題解決の主体者として位置付けている。

3．個別援助技術の定義

　個別援助技術は、主に個人や家族を対象とした社会福祉援助技術の一つである。ここで、リッチモンドとパールマンの定義を見ていきたい。また、あわせて「ケースワークの原則」として、援助過程において援助者が取るべき態度を示したバイスティック（Bistek, F.）の原則を紹介する。

　リッチモンドは、個別援助技術を「ソーシャル・ケースワークは人間と

社会環境との間を個別に、意識的に調整することを通してパーソナリティ
を発達させる諸過程からなり立っている」とした。これは、1922(大正11)
年の著書『ソーシャル・ケース・ワークとは何か』の中で示されたものであ
るが、こんにちでもなお、代表的な定義の一つであると言える。この定義に
おいてリッチモンドが示していることは、クライエントが抱える問題とは、
個人と社会環境との間にある問題であるという認識と、援助者はそれを調整
することにあり、問題の所在を個人に還元して捉えるのではないということ
である。そのうえで援助者は、個別的な事情(能力、パーソナリティ、生活
体験、心理・社会的問題など)を考慮し、クライエントの適応能力・自立能
力の向上を図ること(エンパワメント)を目指していくことが求められてい
る。これらのことから、リッチモンドは、クライエントの社会的環境条件を
重視し、「環境決定論」の立場からケースワークを理論的に体系づけた。

　次にパールマンは、著書『ソーシャル・ケースワーク―問題解決の過程』
(1957)において、「個別援助技術は、個人が社会的に機能する際に出会う
問題に、より効果的に対応できるよう、人間福祉機関によって用いられる過
程である」と定義し、援助機関に所属する援助者と、クライエントとの関係
のなかで行われる問題解決過程を定義している。パールマンはケースワーク
を構成する要素として、社会的・情緒的側面において援助を必要としている
「人(Person)」、クライエントが社会環境との間で調整を必要としてい
るその「問題(Problem)」、援助者が所属している機関や施設である「場
所(Place)」、援助者とクライエントがその関係を媒介として展開される
援助の「過程(Process)」を定義した。これを「4つのP」とし、ケース
ワークの場面を構成する基本的要素として、これらが相互作用することで、
ケースワークが成り立つとした。またさらに、1986(昭和61)年に、「専門職
ワーカー(Professional Person)」と「制度・政策(Provision)」の2つが
加えられ、「6つのP」とされた。

　最後にバイスティックであるが、彼は『ケースワーク関係』(1957)にお
いて、援助者の取るべき態度「7つの原則」について示している。それが、

①個別化、②意図的な感情表出、③統制された情緒的関与、④受容、⑤非審判的態度、⑥自己決定、⑦秘密保持である。これらは、クライエントの個別性（パーソナリティ、生育歴、環境、能力等）を理解したうえで、援助者はクライエントの自由な感情の表出を認め（とくに否定的な感情の表出を認める）、クライエントが感情を表出しやすいように援助者が意図的に関わり、クライエントのあるがままの姿を受容する。そのためには、援助者自身が自分の価値観や倫理的判断によってクライエントを批判したり、攻撃したりしてはいけないというような援助者としての基本的態度が示されている。これらのことを可能とするために援助者には自己覚知が求められ、自分自身のパーソナリティや能力、態度、行動様式などを理解しておくことの必要性を示している。

4. 個別援助技術の展開過程

1）インテーク（初回面談）

　インテークは、相談者（来談者）が初めて援助機関を訪れて行われる面談のことである。ここではまず相談者の不安や緊張の緩和が行われ、来談理由（問題の確認）、援助機関や援助者の役割の説明がなされる。この段階では、主に問題の把握と信頼関係（ラポール）の形成を目的としている。また、相談者が当該援助機関で、援助を受けるかどうかの確認が行われる。さらに、当該援助機関での援助が適切でない場合は、他の機関を紹介する場合もある。

　この段階で援助者に求められる姿勢は、相談者の言葉を傾聴（積極的に耳を傾ける姿勢）し、受容的であることである。

　インテーク過程は、通常1回から数回（2、3回）の面談で終了する。ここでは、受理を目的とした過程であるため、できるだけ早期に終えることが望ましい。

2）情報収集とアセスメント

　相談者が当該援助機関で援助を受けることを確認できたら、相談者の抱える問題に関して必要な情報を収集し、その問題状況や必要となる支援について評価・分析を行うのがこの段階である。収集される情報は、相談者自身のことから、家族、友人、近隣住民など地域社会に関することなど、さまざまな情報を正確に収集する。そこから問題の所在や背景、相談者の持つ長所や強みを評価し、相談者の置かれている状況を理解する。また情報収集にあたっては、相談者のプライバシー保護に留意することが重要である。

3）プランニング

　アセスメントの結果に基づいて、問題解決に向けて目標の設定、具体的な方法を選定し、援助計画を策定する段階である。目標は「長期目標」と「短期目標」とに区分され、長期目標は、問題解決・軽減がされた状況を想定して立てられる。また、短期目標の積み上げが長期目標の達成につながるように一貫性を持った目標を立てる。

　この計画の立案にあたっては、援助者が一方的に決めるのではなく、相談者の参加を促し、協働して取り組むことが必要である。そうすることで、援助者は相談者が主体的に問題解決に向けて取り組めるようにしていく。

4）インターベンション（支援の実施・介入）

　プランニングの段階で立案された援助計画に基づいて、相談者と一緒に計画を実行に移す段階である。具体的には、相談者との面談や環境との調整を繰り返しつつ、支援を行う。ここでは、相談者の発達や変化だけに着目するのではなく、相談者と相談者を取り巻く環境の相互作用にも着目し、その調整を図ることにも留意する必要がある。

5）モニタリング（経過観察）

　問題解決の状況について評価・検討を行う段階である。計画されたように

支援が行われているか、解決された課題はないか、新たな問題は発生していないかなどを明確にする。この際に、何らかの問題が確認された場合は、再度アセスメントを行い、再度プランニングする必要がある。

6）エバリュエーション（事後評価）

援助の終結に向けた評価の段階であり、援助全体を見直すことで援助の有効性や効率性を総合的に判断する。この段階においても相談者とともに行い、課題の解決について達成されたことを一緒に確認する。さらに、今後解決しなければならない問題の有無に関しても確認をする。

7）ターミネーション（終結）

問題解決の過程を相談者と援助者が一緒に、振り返る段階であり、援助の終結段階である。エバリュエーションの段階で、新たに解決しなければならない問題が明らかにされず、これ以上の援助を必要としないと判断された場合に、相談者との合意の上で、援助関係を終結することになる。ターミネーションにおいては、援助関係終結後に新たに問題が発生した場合などで援助が必要となった際には、再度援助関係を結ぶことができることを伝えておく必要がある。また、終結後にも相談者の状況を確認するなどフォローアップを行うことも重要である。

第2節　集団援助技術とは

1．集団援助技術のはじまり

集団援助技術は、YMCA（Young Men's Christian Association,キリスト教青年会）やYWCA（Young Women's Christian Association,キリスト教女子青年会）などの青少年団体運動やセツルメント運動などの宗教的意義や人道主義による「社会改良運動」に起源を求めることができる。

YMCAは、1844年にロンドンでウィリアムズ（Williams, G.）によって創設され、キリスト教の信仰に基づいてクラブ活動やレクリエーションが行われた。この他に1855年に家庭や農村を出て工場で働くようになった女子のための活動としてYWCAが設立され、1858年には貧しい年少労働者のためのレクリエーション活動を展開したボーイズ・クラブなどもイギリスではじまった。これらの活動は、アメリカにおいて活発に展開され、世界中に広まり、日本においても1880（明治13）年にYMCA、1905（明治38）年にYWCAが設立されている。このような青少年団体運動の活動が、小集団での自発的な参加であったことや他の人々との交わりを通じて青少年の人格の成長を願っていたことから、集団援助技術の誕生に大きな影響を与え、起源とされる理由である。

　またセツルメント運動は、1860年代末頃にデニスン（Denison, E.）によって形成されていった。この運動は、スラム街に住む人々の生活環境の改善をねらいとし、大学などの知識人がスラム街に移り住み、貧民に対する教化活動と、知識人、支配者階級に対しては貧困問題と社会改良の必要性についての認識の変革をもたらそうとして始められたと言われている。この後、セツルメントハウスとして、ロンドンのイーストエンドに1884（明治17）年にトインビー・ホールが最初に設立され、1886（明治19）年にはアメリカのニューヨークに隣人ギルド、1889（明治22）年にシカゴでハル・ハウスが設立され、その広まりを見せた。アメリカのセツルメント運動は、大学などの知識人による教化活動よりも、住民間の相互関係を重視し、クラブ活動や子ども会活動を積極的に活用するものだった。

　さらに、これらの活動が社会福祉援助技術の一つとなったきっかけには、コイル（Coyle, G.）による「レクリエーション的－教育的活動にある2つの次元」への気づきの影響が大きい。この2つの次元とは、「1つが活動の流れ（the stream of activity）であり、ゲーム、話し合い、芸術活動などが含まれる。もう1つはパーソナリティの交流（the interplay of personalities）である」とした。また、「プログラムと人間関係はしっかりと絡み合ってい

る。多種多様なプログラムを理解し、活用するのと同様に、グループ内の人間関係を理解し、活用することの重要性に気づき始めたところから、グループワークが発展してきた」と述べている。

2. 集団援助技術の定義

　集団援助技術とは、集団（グループ）を活用して個人（メンバー）の成長や問題の解決を図る援助技術である。

　集団援助技術の定義として、コイルは1939(昭和14)年に「グループワークとは、任意につくられたグループで、余暇を利用して、グループ・リーダーの援助のもとに実践される一種の教育過程であり、グループ経験を通じて、個人の成長と発展をはかるとともに、社会的に望ましい目的のために、各メンバーがグループを利用することである」と定義づけた。また、1963(昭和38)年にはコノプカ（Konopka, G.）が「グループワークは、ソーシャルワークの方法であり、意図的なグループ経験を通じて、個人の社会的機能の力を高め、また、個人、集団、地域社会の諸問題により効果的に対処しえるよう人々を援助するものである」と定義づけている。

　なお、現在の集団援助技術にはいくつかのモデルがあり、1960年代の主なモデルである「社会諸目標モデル」「治療モデル」「相互作用モデル」の理論体系を基本としながら派生している。

　「社会諸目標モデル」はコノプカらによるもので、グループを活用した社会問題の解決を目標としている。「治療モデル」は、ヴィンター（Vinter, R.）らによるもので、グループに参加する個人の問題と治療に焦点をあて、診断に基づく処遇目標とその達成をグループワークの目標とした。さらに「相互作用モデル」はシュワルツ（Schwartz, W.）らが提唱し、一元的統合論の立場から、グループワークの目的はグループを媒介としながら個人と社会環境が互いに利益のために相互援助システムとして機能することとしている。

3．集団援助技術の展開過程

　集団援助技術は、一般的に①準備期、②開始期、③作業期、④終結期の4段階で展開する。

1）準備期

　準備期は、グループが発足するまでの構成過程の段階であり、援助者が集団援助を開始するための準備と予備的な接触を始める段階である。集団援助のメンバーは、興味や関心、それぞれが抱える課題の類似性や参加能力などを考えて選抜する。さらに作ろうとしている集団の目標を考え、その集団の規模を決めておく必要がある。また、メンバー候補に予備的な接触を始め、援助者がメンバーの生活状況や感情、抱える課題について理解できるようにあらかじめ準備をし（波長合わせ）、円滑に援助が展開できるようにする。さらに、集団援助であっても、メンバー一人ひとりの個別的な課題解決が重要であり、援助者にはメンバーを個別化する視点が必要である。

2）開始期

　開始期は、最初の会合からグループとしての感情の芽生えや集団の形成に関連した段階である。この段階では、メンバーと援助者との援助関係の形成、グループの存在意義の確認が行われる。メンバーは、グループに対して期待や不安、緊張、恐れなどの感情を持っており、援助者にはそれらの感情に対して傾聴、受容、共感的態度で働きかける能力が求められる。また、グループの活動計画（目標、課題、方法、役割、活動期間）を明確にし、メンバーからの合意を得て、グループの存在意義を明らかにしていく。

3）作業期

　作業期は、始動の時期、相互援助システムの形成の時期、相互援助システムの活用の時期と3つの段階に分けることができる。始動の時期では、グループの共通基盤の形成や集団規範の形成が行われる。相互援助システムの

形成の時期では、各メンバーがお互いの抱える問題についての認識を深め、問題の事情や背景をメンバー相互に個別化する。相互援助システムの活用の時期は、メンバー同士の受容が促され、共通の問題の見方や解決策について考察を深めるようになる。さらに、この時期に自分の問題に対する気づきを深めるようにもなる。

　援助者は、これら全ての段階を通して個人やグループが目標達成できるように援助をしていくことになる。グループ内でメンバー間のコミュニケーションが高まり、共通のルール、方向性、一人ひとりの役割が確立されることで、メンバーは信頼し合い、支え合い、集団としてのまとまり（凝集性）ができてくる。グループの凝集性を高めるためには、援助者は、グループに積極的に働きかけたり、メンバーが主体的にグループ運営をしていけるように働きかけたりなど、そのグループの成長の度合いに合わせて関わり方を変化させていく必要がある。

4）終結期

　終結期とは、グループの一連の経験を、援助者とメンバーが振り返りつつグループワークを終える段階である。終結の時期は、グループの目標が達成されてグループの存在理由がなくなった、グループの予定の存続期間や会合の回数を終了した、グループの存続に必要な最低限の統合を欠いたなどである。終結に向けては、援助者とメンバーでグループでの出来事、思い出、目標の達成状況等を振り返る、各メンバーにとって、何を得たのか、何を学んだか、どんな意義があったかなどについて評価を行う。また、援助者も各メンバーやグループ自体についての評価を行う。さらに援助者はその評価や各メンバーの関心や課題などから新しい援助計画（新しいグループの創設など）を準備するなどアフターケアも必要である。

第3節　地域援助技術（コミュニティワーク）とは

1．地域援助技術のあゆみ

　地域援助技術とは、住民のニーズに応えて課題を解決し、住民や公私の機関・団体との連携や組織化、地域社会のニーズ把握、社会資源の活用と開発、社会福祉計画の立案や運営管理などを通じて地域社会づくりをする援助技術の一つであり、従来コミュニティワークやコミュニティ・オーガニゼーションと言われてきたものとほぼ同じであるといえる。

　地域援助技術は、1950年代から展開されてきたアメリカのコミュニティ・オーガニゼーションを継承し、1960年代にイギリスでコミュニティケア政策としてコミュニティワークを展開した活動である。また、これは19世紀後半からイギリスやアメリカでの慈善組織協会での活動やセツルメント運動にその源流をみることができる。慈善組織協会の目的は、無数の貧民救済団体が、同じ地域で連携や協力、情報の共有をすることなく活動を行った結果、無秩序な施しによる漏給や濫給が起こったことに対し、これを防ぐため慈善諸団体の組織化を図ったことがその礎となる活動となった。

　さらに、コミュニティ・オーガニゼーションの理論化が始まるのは、1929（昭和4）年の世界大恐慌以降になる。世界大恐慌の結果、失業者が増加し、地域社会では非行問題や家族問題が急激に増えていった。これらの地域社会での問題に対応していく方法として、コミュニティ・オーガニゼーションが理論化されていく。1939（昭和14）年にレイン（Lane, R.）らによってレイン報告としてまとめられ、全米社会事業協会に「コミュニティ・オーガニゼーションの一分野」という表題で提出されたものによる定義である。この時のレインの考え方は「コミュニティのニーズと社会資源を発見・明確化し、常日頃からニーズと社会資源を効果的に調整していくこと」というものだった。これを「ニーズ・社会資源調整説」と言っている。その後、ニューステッター（Newstetter, W.）が1947（昭和22）年に「インターグループワーク説」として定義し、1955（昭和30）年には、ロス（Ross, M.）が「地域組織

化説」を定義した。

　もう一つの源流であるセツルメント運動は、問題の当事者と援助者が同じコミュニティにおいて生活し、援助活動を展開したことから、地域援助技術の要素をもっていたと言える。

２．コミュニティ・オーガニゼーション

　ここでは、1929（昭和４）年の世界大恐慌以降に理論化が始まったコミュニティ・オーガニゼーションの各理論について見ていきたい。

１）ニーズ・資源調整説（レイン報告）

　前述のように、これはレインを委員長とする1939（昭和14）年の全米社会事業協会に提出した報告書（レイン報告）において提唱された考え方である。コミュニティ・オーガニゼーションの目的を地域社会のニーズに合わせて社会資源を効果的に調整し、あるいは開発する活動であるとした。この報告書は、アメリカで最初にコミュニティ・オーガニゼーションの体系化を試みたものとされている。

２）インターグループワーク説

　ニューステッターは、「いくつかの特定の社会目標のためのグループとグループ間の調整関係というものは、インターグループワーク過程のすべての目標である」と定義した。具体的には、地域社会内にあるグループ（各種組織、団体、機関など）の調整をし、さらにそれぞれの代表者の討議の場を設定し、代表者間の関係を調整することによって選択された社会的目標を達成しようとするものである。

３）地域組織化説

　ロスは、1955（昭和30）年に、『コミュニティ・オーガニゼーション―その理論と原則』を出版し、その中でコミュニティ・オーガニゼーションを「共

同社会がみずから、その必要性と目標を発見し、それらに順位をつけて分類する。そしてそれを達成する確信と意思を開発し、必要な資料を内部外部に求めて、実際行動を起こす。このようにして共同社会が団結協力して、実行する態度を養い育てる過程」と定義した。ロスは、地域社会の問題を住民の主体的参加により、地域社会の統合・団結して解決していくことに関心をもっていた。

4）コミュニティ・オーガニゼーション実践の3つのモデル

　1960年代以降、ロスの地域社会での全体的調和や合意形成を重視する援助過程では、人種間、階級間の葛藤が激しい地域社会では有効に機能しないという批判から、ロスマン（Rothman, J.）は、これまでのコミュニティ・オーガニゼーションの理論を整理分析し、類型化した。

　小地域開発モデルは、ロスによって定義された伝統的なコミュニティ・オーガニゼーションモデルである。地域社会の生活困難の解決を第一義的な目的として、多数住民の参加による相互扶助や地域社会の自主的な協同体制を作ることに焦点があり、コミュニティの組織化や新たな地域連帯の確立を図る。

　社会計画モデルは、地域の多様な社会問題に対する専門職主導の計画的な課題解決志向の実践モデルであり、有限な社会資源を効率的に配分できるような合理的な社会計画立案をその活動の中心においている。この背景には、現在の地域社会にある問題を伝統的なコミュニティ・オーガニゼーションだけでは解決するのに限界があることがあげられる。

　ソーシャルアクションモデルは、地域全体ではなく、地域のなかで搾取されたり不利な立場にある住民層や彼らが集住している地域が抱える諸問題を解決し、組織化を促進していくものである。また、地域での権力構造を変革し、社会的公正の実現を目指す。そのため、社会資源の不平等な配分の改善、制度の改善、新たな資源の創設、住民の主体形成の確立を主な目標としている。

3．地域援助技術の展開過程

　地域援助技術は、地域住民組織化のプロセスであると言える。そのため、このプロセスは地域住民が主体的に実行できるように、援助者からは側面的な援助が行われる。地域援助技術の展開過程は定式化されているわけではないが、ここでは、①地域診断（アセスメント）、②活動計画の立案、③活動の展開、④活動の評価の4つに分類して説明する。

1）地域診断（アセスメント）

　この段階では、地域社会で取り組むべき問題を把握する。その地域の特性（気候条件、地理的条件、人口動態、産業構造、住民性、住民意識構造）を把握し、福祉ニーズの予測、把握、住民の考え方、態度の特徴などを明らかにしておく。さらにその地域の社会資源（地域の諸機関、団体、専門家等）や福祉水準などについての理解も必要である。

2）活動計画の立案

　地域診断で明らかになった地域社会の特性と福祉ニーズに基づいて、地域社会の問題とか、その解決に向けた目標を設定し、計画を策定する段階である。地域社会の問題に対して、優先すべき課題に順序づけし、目標設定を行う。課題の順序づけをする際には、問題の相互理解を深めながら、その深刻度、緊急度、広がりおよび住民の関心、問題解決能力などから行う。また、目標設定をする際には、活動の期間、対象地域、問題解決の方法、目標達成のための役割分担や財源などについても明らかにする必要がある。

3）活動の展開

　計画に基づいて活動を展開する段階である。地域社会の問題を解決するためには、活動への住民の主体的な参加や地域社会の協働の促進、社会資源の動員と開発が課題となる。

　活動への住民の主体的な参加を促進するためには、広報、福祉教育推進等

により動機付けや活動意欲を高める必要がある。またそれには新聞やテレビ、ラジオなどのマスコミを活用するのも効果的である。また、活動計画を実践するうえでは、公私関係機関・団体・個人の連絡調整を行い、協働を促進し、組織化を図ることが重要となる。そのためには、地域に存在する各種の組織・機関・団体などの集団間の協働を図る、インターグループワークの方法が有効である。

4）活動の評価

　活動の評価は、基本的には活動計画に基づいて行うものであり、活動計画の達成度、残された課題、解決方法や手順は適切であったかなどについて検討し、次の計画に生かしていかなければならない。ここでは、タスク・ゴール、プロセス・ゴール、リレーションシップ・ゴールの3つの視点で整理する。

(1)タスク・ゴール

　これは、目標達成面からの評価で、具体的な課題の解決度で評価する。その際に、地域における生活問題や福祉問題は具体的にどの程度解決したか、社会資源の活用はどの程度なされていたか、また社会資源の開発はどうであったのか、課題解決に対して住民はどの程度満足しているのか、などについて量的・質的側面から評価する。

(2)プロセス・ゴール

　問題解決の過程を通して住民の協働力や問題解決能力などの主体形成の度合いについて評価する。これは、住民自身の問題解決する能力や自信が身につけられたかであり、住民の連帯、団結して活動に参加できていたのかの評価である。

(3)リレーションシップ・ゴール

　地域の諸団体の関係性、特に権力構造改革に着目した評価である。これは、地域住民の連帯感は強まったか、一部の福祉サービス供給を担っているところだけで実行されていなかったか、多くの住民が参画できるような配慮

や工夫がなされていたかなどである。地域の支配的な権力構造に対して、住民がどの程度立ち向かうことができたのかという視点も含まれることがある。

第4節　その他の援助技術

1．社会福祉調査法（ソーシャルワーク・リサーチ）

1）社会福祉調査法とは

　社会福祉調査法は、19世紀以降の産業化と都市化による急激な社会変動に伴う、貧困、犯罪、失業、都市衛生の問題などの社会問題を発見し、解決するための社会政策的な意図を含んだ「社会踏査（社会調査）」として行われていたものに起源を求めることができる。たとえば、ル・プレー（Le・Play, F.）は、ヨーロッパ諸国の労働者家族の家計調査を20年にわたって行い、労働者家族の生活改善運動に繋がっている。また、エンゲル係数で有名なエンゲル（Engel, E.）の業績や『ロンドンにおける民衆の生活と労働』のブース（Booth, C.）、ヨーク市の労働者階級の貧困調査を行ったラウントリー（Rowntree, S.）の調査があげられる。

　これらの調査は、近代産業社会における労働者階級の貧困の実体と原因を数量的に解明したうえで、貧困（「貧困線」以下の生活の状況や「単なる肉体的能率を保持するために必要な最低限度にも足らぬ家庭」の状況を明確にした）それ自体の概念を創出することにも貢献した。

　このような社会調査は、社会福祉調査法の元となるものであり、社会福祉に関わるニーズや問題を明らかにすること、福祉制度やサービスが具体的に提供される際の効果や成果を客観的に評価するためにも必要である。

2）社会福祉調査法の類型

　社会福祉調査は、研究方法の違いにより、(1)統計調査法と(2)質的調査法に

大きく分類することができる。

(1)統計調査法

　統計調査法は、多数の対象を数量的に捉える方法である。これは、質問紙を配布するなどの方法によりデータを収集し、平均、比率、相関係数、統計的検定などの統計技法により分析するものである。さらに調査対象の範囲から全数調査と標本調査に分類することができる。全数調査は、悉皆調査とも呼ばれ、調査対象範囲に含まれるすべてを調査する。調査対象となる集団すべてのデータを得ることで、信頼性が高くなるという長所があるが、調査に時間がかかることや費用、労力もかかるという短所もある。次に標本調査では、全体対象者の一部を調査するもので、調査にかかる時間、費用、労力は全数調査と比べると軽減されるが、調査結果に誤差が生じやすくなる。

(2)質的調査法

　質的調査法は、質的データ（数字には還元しない言語によって記述されたデータのこと）を通して、現象の記述、仮説生成あるいはモデル生成を目的とする調査のことである。また、質的データは、インタビューやアンケートの自由記述、観察記録などから得られる。

2．社会福祉運営管理（ソーシャル・ウェルフェア・アドミニストレーション）

　社会福祉運営管理とは、「社会福祉施設運営管理」と「社会福祉管理」あるいは「社会福祉経営」の二つの側面があると考えられる。前者は、アメリカでのソーシャルウェルフェアアドミニストレーションの研究領域に相当し、社会福祉施設・機関で行われるソーシャルワークの運営を管理しようとするものである。これは、サービスの質の向上、施設・機関が提供するサービスを全体的に効果的に行えるように、財源やスタッフ、設備、情報などの資源の確保とその運営を行う。後者は、イギリスでのソーシャルアドミニストレーションの研究領域に相当するものと考えられ、社会サービスや制度に対する政府の役割と責任を研究対象としている。これは、「ニーズと資源」

のバランスを図る視点から社会福祉の運営を検討していくものであり、個人の生活状況を、社会サービスと人々との関係において捉えている。

　日本における社会福祉運営管理は、介護保険制度の施行や社会福祉基礎構造改革を元にした社会福祉法の成立などを背景とし、社会福祉施設運営管理を包摂する概念として理解することができる。

3．社会福祉計画法（ソーシャル・ウェルフェア・プランニング）

　社会福祉計画法は、自治体における社会福祉推進のための計画として用いられ、地域福祉計画との関連が深い。1970年以降、社会福祉の見直しが行われるなか、自治体における社会福祉の計画的な取り組みが不可欠となった。また、1980年代からは、施設福祉から在宅福祉が提唱されるようになり地域社会における社会福祉の実現を目指すなど、より生活者の視点を重視した「地域福祉の実現」を目指す方向へと変化し、地域福祉を推進する計画的な方法として重要視されるようになった。

　社会福祉計画には、社会福祉についての基本的な考え方が確立していることが重要であり、それが計画の枠組みと方法を方向づけることになる。そのため当初は専門家集団の指導のもとに行政が参画する方法で進められてきたが、今日では、利用者主体、ネットワーク化、公民協働、住民参加という原則をもつことが特徴となっている。

　計画の段階には、①構想計画（事業方針や政策策定、問題の明確化に基づいて先見性を持った目標設定を行う。そのため住民等へのアンケートやヒヤリング、住民懇談会、既存の資料等をもとにデータ収集を行う）、②課題計画（目標を遂行するために考えられる案を策定し、検討し、計画として具体化する。プログラムの策定や社会資源の開発や動員について検討される）、③実施計画（計画を具体的に実現するための実行計画であり、必要な財源、人材等を含めて実施手続きを具体化する必要がある）、④評価計画（計画全体の締めくくりとして、アンケートやヒヤリングの方法で計画に対する満足度を評価する）の4段階がある。

4. 社会活動法（ソーシャル・アクション）

　社会活動法は、当事者や住民のもつ社会福祉問題を解決するために、世論を喚起しながら社会福祉制度やサービスの改善、新たな制度の創設や拡充の推進を目指して、国や自治体、つまり議会や行政機関に立法的・行政的措置を取らせようとする活動のことである。この社会活動の源流は、19世紀後半にアメリカで起こった社会改良運動に見ることができ、1950年代後半から高まりを見せた公民権運動、1960年代の福祉権運動の影響を受けてソーシャルワークの一技法となった。さらに日本においては、方面委員（現・民生委員）を中心として救済法制定・実施を求める運動があげられる。

　社会活動の方法は、活動の主体となる組織や団体によってさまざまであるが、①住民組織型（住民・市民運動として、住民の身近な生活問題への行動）、②当事者組織型（福祉問題の当事者の組織化や権利要求運動）、③専門家組織型（保健・医療・福祉のネットワークづくり）、④統合組織型（地域福祉計画の作成による行政と保健・医療・福祉の連帯を図る）の分類が見られる。さらに、社会運動や政治的運動とは異なり、社会活動の主体となるのは、障害、貧困、疾病などの社会生活に困難さをもつ人びとと彼らの福祉の向上に関係する人びとであり、同じ問題を抱える者同士が団結し、連帯して行動できるような支援が必要となる。

第6章　公的扶助

第1節　生活保護制度

1．生活保護制度をめぐる変遷
1）法律の変遷

　第二次世界大戦後の混乱に対して旧来の制度では適切な対応ができず、1946(昭和21)年2月にGHQは保護の無差別平等、扶助の国家責任の明確化、公私分離の原則、支給金総額無制約の原則が盛り込まれた「SCAPIN775」を日本政府に提起した。この4つの原則を取り入れて、1946(昭和21)年9月に新たに制定されたのが旧「生活保護法」である。旧「生活保護法」では、保護の種類は生活扶助、医療扶助、助産扶助、生業扶助、葬祭扶助の5扶助に限定されていた。保護請求権等の権利規定がないこと、怠惰・不良素行を理由に保護を行わないという欠格条項があること、扶養能力を有する扶養義務者が存在する場合に保護は行われないこと、民生委員が市町村長の補助機関として実際の保護事務を担当したため、恣意的な対応になる危険性を抱えていたという状態であった。

　このような状況で、1949(昭和24)年9月に社会保障制度審議会は「生活保護制度の改善強化に関する件」を勧告した。この勧告を踏まえて、1950(昭和25)年に旧「生活保護法」は全面改正されることとなった[1]。1950(昭和25)年に制定された「生活保護法」は、保護基準等の見直しはあったものの法律の抜本的見直しは行われてこなかったが、被保護者と保護費の増大、不正受給の課題等を生み出すといった変化を見せている。こうした課題を踏まえ、支援を必要とする者に確実に保護を行うという基本的な考え方は維持しつつ、

①就労・自立支援の強化、②不正受給への厳正な対処、③医療扶助の適正化等を中心に、国民の信頼に足る制度を確立していくことを目的として、制度の見直しが行われた[2]。

「生活保護法」改正法の主な改正概要は表6－1の通りである。

就労による自立の促進は、保護期間の就労収入のうち、収入認定された金額の範囲内で仮に積み立て、生活保護から脱却したときにその金銭を支給される制度である。支給額の上限は単身世帯で10万円、多人数世帯で15万円と

表6－1　生活保護法の一部を改正する法律について

●主な改正内容
1　就労による自立の促進
・安定した職業に就くことにより保護からの脱却を促すための給付金を創設する
2　健康・生活面等に注目した支援
・受給者それぞれの状況に応じた自立に向けた基礎となる、自ら、健康の保持及び増進に努め、また、収入、支出その他生計の状況を適切に把握することを受給者の責務として位置づける（＊）
3　不正・不適正受給対策の強化
・福祉事務所の調査権限を拡大する（就労活動等に関する事項を調査可能とするとともに、官公署の回答義務を創設する）
・罰則の引き上げ及び不正受給に係る返還金の上乗せをする
・福祉事務所が必要と認めた場合には、その必要な限度で、扶養義務者に対して報告するよう求めることとする
4　医療扶助の適正化
・指定医療機関制度について、指定（取消）に係る要件を明確化するとともに、指定の更新制を導入する
・医師が後発医薬品の使用を認めている場合には、受給者に対し後発医薬品の使用を促すこととする（＊）
・国（地方厚生局）による医療機関への直接の指導を可能とする
●施行日
2014(平成26)年7月1日（一部（＊）2014(同26)年1月1日）
●　(注) 第183回国会政府提出案からの修正点
・同国会（衆議院厚生労働委員会）における議員修正（保護申請に係る取扱いは現行と変わらない旨を明確化）の反映
・施行期日の変更（3ヶ月後ろ倒し）

〔出典：厚生労働省社会・援護局「生活保護法改正法の概要」より抜粋〕

している。

　健康・生活面等に着目した支援としては、福祉事務所の調査権限を強化し、健康診査結果等を入手可能とし、さらに被保護者の状況に応じてレシート、領収書の保存や家計簿の作成を求めることを可能とした。

　生活保護の不正事案に対して、「資産及び収入」に限定した調査項目に加えて就労や求職活動の状況、健康状態、扶養の状況等を追加している。さらに官公署等への情報提供の求めに応じて回答を義務づけることとなった。不正受給の罰則については「３年以下の懲役または100万円以下の罰金」と引き上げた。扶養義務者に対する報告を求めることについては、その必要な限度で扶養義務者に対して報告するよう求めることに改正された。

2）「生活困窮者自立支援法」の制定

　リーマンショック後、生活困窮者の増大は急増し、年収200万円以下の労働者は３割近くを占めるようになった。生活保護が救貧に対するセーフティネットとして被保護者の生活を支える機能を果たしつつ、稼働年齢世代の被保護者の自立を金銭給付以外の手段で支援できる制度としていくことが求められる。

　そういった観点から、2013（平成25）年に制定した「生活困窮者自立支援法」では①生活困窮者自立相談支援事業、②生活困窮者住居確保給付金、③生活困窮者生活準備支援事業、④生活困窮者一時生活支援事業等、⑤生活困窮者家計相談支援事業の５事業が実施された。

　2018（平成30）年に「生活困窮者自立支援法」の改正があり、(1)生活困窮者の自立支援の強化、(2)生活保護制度における自立支援の強化、適正化の２点について改正された。

　生活困窮者の自立支援の強化については、①包括的な支援体制の強化、②子どもの学習支援事業の強化、③居住支援の強化（一時生活支援事業の拡充）が盛り込まれた。

　生活保護制度における自立支援の強化、適正化については、①進学準備給

付金を一時金として給付、②生活習慣病の予防等の取り組みの強化、③医療扶助費の適正化、④貧困ビジネス対策、⑤単独での居住が困難な者への生活支援、⑥資力がある場合の返還金の保護費との調整、⑦介護保険適用の有料老人ホーム等の居住地特例、⑧児童扶養手当の支払い回数の見直しが盛り込まれた[3]。

2．生活保護の理念
1）生活保護の目的
　生活保護は、「憲法」第25条の理念に基づき、国が生活に困窮するすべての国民に対し、その困窮の程度に応じ、必要な保護を行い、その最低限度の生活を保障するとともに、その自立を助長することを目的としている。

2）基本原理
　生活保護には、制度を適正かつ円滑に運用するために基本原理と運用上の原則がある。

⑴国家責任の原理

　生活保護制度は、「憲法」第25条を根拠とする公的扶助である。「憲法」第25条第2項で「国は、すべての生活部面において、社会福祉、社会保障及び公衆衛生の向上及び増進に努めなければならない」と定められている。全国に存在する貧困者を公平平等に支援するために、生活保護業務は法定受託事務とされた。なお、法定受託事務のうち第一号法定受託事務とは、法律等により地方自治体が処理する事務のうち、国が本来果たすべきで、国において、適正な処理を確保する必要なものと定義される。

⑵無差別平等の原理

　すべての国民は、生活保護の要件を満たす限り、保護を無差別平等に受けることができる。したがって、貧困に陥った理由や過去の生活歴により保護が受けられない等ということはない。

⑶最低限度の生活保障の原理

　「憲法」第25条第1項で「すべて国民は、健康で文化的な最低限度の生活を営む権利を有する」と定められており、さらに「生活保護法」第1条では「この法律は、日本国憲法第25条に規定する理念に基づき、国が生活に困窮するすべての国民に対し、その困窮の程度に応じ、必要な保護を行い、その最低限度の生活を保障するとともに、その自立を助長することを目的とする」とされている。

⑷補足性の原理

　「生活保護法」第4条第1項に「保護は、生活に困窮する者が、その利用し得る資産、能力その他あらゆるものを、その最低限度の生活の維持のために活用することを要件として行われる」と規定されている。生活保護の財源は租税であることから、個人が最善の努力をし、それでも最低限度の生活を維持できない場合に保護が適用される。

3）運用上の原則

⑴申請保護の原則

　保護を必要とする者が申請によって生存権の実現を図ることを目的とする原則である。保護を請求できる者は、要保護者、その扶養義務者、その他の同居の親族とされている。その一方で、要保護者が急迫した状況に陥った場合は、申請がなくとも職権による保護を行うことができることが規定されている。

⑵基準及び程度の原則

　保護は、金銭または現物で満たすことの出来ない不足分を補う程度において行われる。要保護者の年齢別、性別、世帯構成別、所在地域別等を考慮した最低限度の生活の需要を満たすのに十分であり、かつこれを超えないものとされる。

⑶必要即応の原則

　要保護者の年齢や健康状態等の事情を考慮して、個々の要保護者の実情に

即した有効かつ適切な保護を行う。これは、生活保護制度が機械的に運用されることを防ぎ、個別対応が行われるべきであることを規定したものである。

⑷世帯単位の原則

個人ではなく世帯を最小単位として、保護の要否や程度が定められる。世帯構成員の誰か1人が病気になり収入が減少する場合、世帯全体の生活水準が低下することになる。ただし、生活保護制度の目的である最低限度の生活保障と自立の助長が実現されないと判断される場合、世帯分離の取り扱いが適用され、分離によって保護を受けない者が最低限度の生活の枠にしばられることがなくなる。

3．被保護者の権利と義務
1）被保護者の権利

「生活保護法」における保護は、生活困窮者のための最低限度の生活を維持するために必要不可欠な公的経済的支援であるため、他に優先して保障されなければならない。したがって、以下の3項目を被保護者に与えられた権利として規定している。

⑴不利益変更の禁止

被保護者は、正当な理由がなければ既に決定された保護を不利益に変更されることがない。保護の実施機関がその裁量により、一度決定した保護を変更してはならないことを示すものである。これによって、被保護者の法的地位の安定を保障している。

⑵公課の禁止

生活保護による保護は被保護者の最低限度の生活を維持するものであるため、保護によって獲得した金品に対して国税及び地方税等の各種公租公課を課されることはない。しかし、保護以外によって獲得した金品に対してはこの項目は適用されない。

(3)差押の禁止

　被保護者は、既に給付を受けた保護金品又はこれを受ける権利を債務のため差し押さえられることがない。「生活保護法」に基づく被保護者への給付は、「憲法」で保障された最低限度の生活を維持するために行われるものであるため、債務弁済の強制執行のために保護金品を差し押さえられることは、生存権で保障される最低限度の生活を営む権利の侵害となる。

２）被保護者の義務

(1)生活上の義務

　被保護者は、常に能力に応じて勤労に励み、支出の節約を図り、その他生活の維持、向上に努めなければならない。高齢や疾病、児童であること等の理由により労働能力のない者、労働の意欲はあっても労働の機会がない者にまで労働を強制するものではない。

(2)届け出の義務

　被保護者は、収入、支出その他生計の状況について変動があったとき、又は居住地もしくは世帯の構成に異動があったときは、すみやかに保護の実施機関又は福祉事務所長にその旨を届け出なければならない。

(3)指導・指示に従う義務

　被保護者は、保護の実施機関が被保護者を救護施設等に入所させる等の保護を行うことを決定したときや被保護者に対し、必要な指導指示をしたときは、これに従わなければならない。

(4)費用返還の義務

　被保護者が、急迫の場合等において資力があるにもかかわらず、保護を受けたときは、保護に要する費用を支弁した都道府県又は市町村に対して、すみやかにその受けた保護金品に相当する金額の範囲内において保護の実施機関の定める額を返還しなければならない。

(5)保護受給権の譲渡禁止

　被保護者は、保護を受ける権利を譲り渡すことができない。保護を受ける

権利は個人に与えられた権利とされる。

4．保護の種類

1）生活扶助

　生活扶助は、衣食その他日常生活の需要を満たすために必要なもの、移送の範囲内で給付されるものである。生活扶助は飲食物資や被服費等、個人として消費される生活費について定められた「第一類」、世帯全体として消費される電気代や光熱水費等について定められた「第二類」、特定の状態にある被保護者に対して給付される「各種加算」、「入院患者日用品費」、「介護施設入所者基本生活費」、「期末一時扶助」がある。その他に労働収入のある被保護者の場合、労働に伴う必要経費を収入から控除する「勤労控除」、ライフイベントの中で生じる様々な出費に関しては「一時扶助」が認められている。

2）教育扶助

　教育扶助は、困窮のため最低限度の生活を維持することのできない者に対して、①義務教育に伴って必要な教科書その他の学用品、②義務教育に伴って必要な学用品、③学校給食その他義務教育に伴って必要なものの範囲において行われる。教育扶助は、学用品費・実験実習見学費、通学用品、教科外活動費等が小中学校別に定めた基準額によって支給される。なお、義務教育の範囲内で必要な費用に限定して支給される。

3）医療扶助

　医療扶助は、困窮のため最低限度の生活を維持することのできない者に対して、診察、薬剤又は治療材料、医療的処置、手術及びその他の治療並びに施術、居宅における療養上の管理及びその療養に伴う世話その他の看護、病院又は診察所への入院及びその療養に伴う世話その他の看護、移送の範囲内において行われる。保護の実施機関で医療扶助の要否判定が行われ、必要と

認められた場合に医療券が発行され、この医療券を指定医療機関に提出する仕組みとなっている。

4）住宅扶助

　住宅扶助は、困窮のため最低限度の生活を維持することのできない者に対して、住居、補修その他住宅の維持のために必要なものの範囲内において行われる。住宅扶助は保護世帯が借間、借家住まいをしている場合に家賃等の費用として、所在地域別に定めた基準額の範囲内で支給される。

5）出産扶助

　出産扶助は、困窮のため最低限度の生活を維持することのできない者に対して、分娩の介助、分娩前及び分娩後の処置、脱脂綿、ガーゼその他の衛生材料の範囲内において行われる。病院等の施設にて分娩する場合は、入院料についても入院に必要となる必要最小限度の額が支給される。

6）生業扶助

　生業扶助は、困窮のため最低限度の生活を維持することのできない者又はそのおそれのある者に対して、生業に必要な資金・器具又は資料、生業に必要な技能の修得、就労のために必要なものの範囲内において行われる。

7）葬祭扶助

　葬祭扶助は、困窮のため最低限度の生活を維持することのできない者に対して、検案・火葬又は埋葬、納骨その他葬祭のために必要なものの範囲内において行われる。また、以下の場合においてその葬祭を行う者があるときには、その者に対して上記の葬祭扶助を行うことができる。
　①被保護者が死亡した場合において、その者の葬祭を行う扶養義務者がいないとき
　②死者に対しその葬祭を行う扶養義務者がない場合において、その遺留し

た金品で葬祭を行うに必要な費用を満たすことのできないとき

8）介護扶助

　介護扶助は、困窮のため最低限度の生活を維持することのできない要介護・要支援者に対して、居宅介護、福祉用具、住宅改修、施設介護、移送の範囲内において行われる。介護扶助は「介護保険法」の成立によって新たに追加された扶助である。

5．保護施設の種類
1）救護施設

　救護施設は、身体上又は精神上著しい障害があるために日常生活を営むことが困難な要保護者を入所させて、生活扶助を行うことを目的とする施設である。現在、全国に182施設あり、保護施設の中心的役割を担っている。

2）更生施設

　更生施設は、身体上又は精神上の理由により養護及び生活指導を必要とする要保護者を入所させて、生活扶助を行うことを目的とする施設とする。更生施設は社会復帰が可能な者を対象とする点において、救護施設とは異なる。全国には20施設ある。

3）医療保護施設

　医療保護施設は、医療を必要とする要保護者に対して、医療の給付を行うことを目的とする施設である。医療保護施設は「医療法」に基づく病院または診療所と同義であり、指定医療機関の許可病床という形態がとられている。全国には58施設ある。

4）授産施設

　授産施設は、身体上もしくは精神上の理由または世帯の事情により就業能

力の限られている要保護者に対して、就労または技能の修得のために必要な機会及び便宜を与えて、その自立を助長することを目的とする施設とする。全国には16施設ある。

5）宿所提供施設

　宿所提供施設は、住居のない要保護者に対して、住宅扶助を行うことを目的とする施設とする。宿所提供施設の利用は、住宅扶助の現物給付に相当し、施設内に要保護者が居住する形態をとる。全国には10施設ある。

6．生活保護の実施
1）生活保護の実施機関

　生活保護の基本原理でも示されているように生活保護の責任主体は国であり、その実務を所管行政機関は厚生労働省である。厚生労働省社会・援護局保護課が「生活保護法」の実施と要保護者の保護を担う部署である。

　生活保護の実務を担う実務機関は福祉事務所である。福祉事務所は都道府県及び市が必置、町村が任意設置となっている。福祉事務所において、直接業務に携わるのが現業員である。なお、民生委員は市町村長、福祉事務所長の事務の執行に協力する協力機関とされている。

2）生活保護の過程

　生活保護を受給するにはまず居住地の市（区）の福祉事務所の窓口で相談する。福祉事務所を設置しない町村の場合、都道府県の福祉事務所が申請の窓口となる。窓口では、生活保護の説明、各種所得保障制度の活用や扶養可能者の検討後、申請手続きをとる。

　申請時には、生活保護申請書、収入申告書、資産報告書、同意書、給与証明書、家屋（宅地）賃貸借契約証明書等の提出が求められ、生活状況、資産、扶養義務者、収入、就労について細かく調査が行われる。親族には扶養について照会する通知文書が送付され、扶養が可能かどうかの確認が行われる。

3）不服申し立て

　生活保護法は行政の側から保護が適正に実施されるよう配慮される一方で、実施機関が違法・不当な処分を行った場合には、被保護者側からの救済手続きとして不服申し立て制度を設けて、保護の適正実施を図っている。

　生活保護事務処分についての審査請求は、都道府県知事に対して行い、都道府県知事に提起した不服申し立てに対して再審査を求めるには、厚生労働大臣に対して行う。

4）自立支援プログラム

　傷病や障害、社会的入院、DV（ドメスティック・バイオレンス）、虐待、多重債務、ホームレス等複雑かつ多様な問題を抱えており、被保護期間が長期にわたり生活保護から脱却しにくい傾向にある。そのため、経済的給付だけでなく被保護者の自立と就労を支援するため、2005（平成17）年度から生活保護自立支援プログラムが開始された。

　基本方針は、被保護者の状況や自立阻害要因を類型化し、それぞれの類型ごとに対応する自立支援の具体的内容と手順を定めた個別の支援プログラムを策定し、必要な支援を組織的に実施するものである。自立生活プログラムで定める「自立」は就労による経済的自立のみならず、自分自身で生活管理を行う日常生活的自立、社会の一員として生活を営む社会生活的自立を含む概念である。

　実施機関は、保健所やハローワーク、精神保健福祉センター等といった関係機関等も積極的に活用しながらこれを実施することとなっている⁴⁾。自立支援プログラムの内容としては、就労による経済的自立を目的としたプログラム、身体や精神の健康を回復・維持し、自分自身で健康管理・生活管理を行う等日常生活において自立した生活を送る日常生活自立を目的としたプログラム、社会的つながりを回復・維持して地域社会の一員として充実した生活を送る社会生活自立を目的とした社会生活自立プログラムがある。それぞれのプログラムは各種自治体で作成している。2005（平成17）年から、ハロー

ワークと連携を図り、就労支援コーディネーターによる「生活保護受給者等
就労支援事業」が行われてきた。その後、雇用情勢の悪化による生活保護被
保護者の増加への対処、そして離職者の住居確保や生活・就労支援の積極的
な実施を図るため、地方自治体とハローワークとの間で「『福祉から就労』
支援事業」が開始された[5]。

7．生活保護をめぐる動向

1）被保護世帯、実人員の動向

　被保護者の保護率は、戦後ほぼ一貫して減少し、1995（平成7）年に7.0‰
まで減少したが、その後増加し続けており、2017（平成29）年には16.54‰ま
で増加している。保護率が最も低下した1995（平成7）年の被保護世帯と比較
すると、2017（平成29）年の被保護世帯数は2倍以上となっている。保護世帯
の内訳としては高齢者世帯が最も多く、次いで傷病者世帯となっている。特
に高齢者世帯が占める割合は非常に高く、被保護世帯全体の約半数を占める

表6－2　生活保護被保護実世帯数、実人員（平成21～30年度）

（単位　人員：1,000人）

年度	被保護実世帯数（月平均）								被保護実人員（月平均）	保護率（人口1,000につき）[1]
	総数	現に保護を受けた世帯数						保護停止中の世帯		
			世帯類型別							
			高齢者世帯	母子世帯	障害者世帯	傷病者世帯	その他の世帯			
平成21（2009）	1,274	1,271	563	100	147	289	172	3.6	1,764	13.8
22（2010）	1,410	1,405	604	109	157	308	227	4.8	1,952	15.2
23（2011）	1,498	1,492	636	113	169	319	254	6.0	2,067	16.2
27（2015）	1,630	1,621	803	104	190	253	272	8.4	2,164	17.0
29（2017）	1,641	1,633	865	92	195	225	256	8.3	2,125	16.8
30（2018）	1,637	1,629	882	87	199	213	248	8.3	2,097	16.6

1）1か月平均の被保護実人員を総務省統計局「国勢調査人口（10月1日現在）」又は「推
　計人口（10月1日現在）」で除した。
〔出典：第70回日本統計年鑑（令和2年）、総務省統計局、572頁を筆者が一部改変〕

状況である。

2）扶助別被保護人員、保護費の動向

　2018（平成30）年の被保護人員を扶助別にみると生活扶助の利用が最も多く、次いで住宅扶助、医療扶助となっている。生活扶助については被保護人員の90％程度が受給しており、さらに住宅扶助、医療扶助も被保護人員の80％以上が受給していることから、この3扶助が生活保護の根幹を担っているといえる。

表6－3　生活保護被保護実人員（平成21～30年度）

（単位　人員：1,000人）

年度	扶助の種類別								
	計[1]	生活	住宅	教育	介護	医療	出産	生業	葬祭
	人員（月平均）								
平成21（2009）	4,855	1,586	1,460	144	210	1,406	0.2	46	2.7
22（2010）	5,395	1,767	1,635	155	228	1,554	0.2	53	3.0
23（2011）	5,738	1,872	1,742	159	248	1,657	0.2	56	3.1
27（2015）	6,074	1,972	1,842	142	330	1,776	0.2	53	3.3
29（2017）	6,009	1,886	1,816	125	366	1,765	0.1	48	3.6
30（2018）	5,943	1,852	1,792	117	381	1,751	0.1	45	3.7

1）人員は各扶助の延数。平成12年度以前の保護費はその他を含む。
〔出典：第70回日本統計年鑑（令和2年）、総務省統計局、572頁を筆者が一部改変〕

表6－4　生活保護保護費（平成21～28年度）

（単位　金額：10億円）

年度	扶助の種類別								
	計[1]	生活	住宅	教育	介護	医療	出産	生業	葬祭
	保護費（年度計）								
平成21（2009）	3,007	1,016	443	17	61	1,451	0.4	12	6.7
22（2010）	3,330	1,155	500	20	66	1,570	0.5	11	7.5
23（2011）	3,502	1,209	538	20	71	1,643	0.6	11	7.7
27（2015）	3,713	1,200	603	19	86	1,785	0.4	11	7.6
28（2016）	3,715	1,181	595	18	88	1,816	0.4	10	7.8

1）人員は各扶助の延数。
〔出典：第70回日本統計年鑑（令和2年）、総務省統計局、572頁を筆者が一部改変〕

　保護費から見ると、人員の内訳順とは異なり医療扶助の占める割合が最も高く、次いで生活扶助となっている。医療扶助は経済的負担を負わずに受診が可能であり、医療機関でも診療報酬が全額公費で支払われることから、医

表 6 - 5　世帯類型別の保護開始の理由（年度累計）

	総数	傷病による	急迫保護	要介護状態	働き手の死亡	離別	失業	老齢による	倒産等	その他による収入の減少等	社会保障給付金の減少等	貯金等の減少等	仕送りの減少等	その他
総数	178,903	41,900	3,582	1,728	438	5,339	11,807	7,157	1,120	8,731	1,332	69,414	6,933	19,422
高齢者世帯	68,149	10,068	1,046	1,536	200	1,148	2,275	6,723	543	1,549	471	31,242	3,698	7,650
母子世帯	10,205	1,284	115	2	60	2,413	480	-	28	878	35	3,354	321	1,235
傷病者世帯	29,602	16,620	1,414	63	23	362	899	58	62	765	171	6,422	727	2,016
障害者世帯	15,757	4,525	74	83	28	394	532	41		579	244	6,414	813	2,002
その他の世帯	55,190	9,403	933	44	127	1,022	7,621	335	459	4,960	411	21,982	1,374	6,519

〔出典：厚生労働省「平成 30 年度被保護者調査」、表 28 保護世帯開始数、世帯類型、世帯構造×保護開始の理由別を筆者一部改変〕

表 6 - 6　世帯類型別の保護廃止の理由（年度累計）

	総数	傷病治癒	死亡	失そう	働きによる収入の増加等	働き手の転入	社会保障給付金の増加	仕送りの増加	親類縁者の引取り	施設入所	医療費の他法負担	その他
総数	169,279	852	70,268	10,458	29,036	953	6,253	1,056	5,649	3,549	1,063	40,142
高齢者世帯	85,927	260	57,589	2,215	2,972	150	2,920	376	1,516	3,113	714	14,102
母子世帯	9,230	25	40	98	3,451	412	112	235	1,316	23	13	3,505
傷病者世帯	19,898	272	6,004	2,023	3,628	74	866	98	863	82	85	5,903
障害者世帯	14,182	42	3,944	638	2,347	115	1,002	119	916	192	138	4,729
その他の世帯	40,042	253	2,691	5,484	16,638	202	1,353	228	1,038	139	113	11,903

〔出典：厚生労働省「平成 30 年度被保護者調査」、表 36 保護廃止世帯数、世帯類型、世帯構造×保護廃止の理由別を筆者一部改変〕

療行為の歯止めがかかりにくく、過剰な診療が行われやすいという問題を孕んでいる。

3）保護開始及び廃止の理由

　全世帯から見た保護開始に至った理由として最も多いのが、貯金等の減少等を理由としたものとなっている。世帯別にみると、高齢者・母子・障害者世帯は貯金等の減少、傷病者世帯は傷病を理由とした保護開始が最も高くなっている。

　一方、全世帯から見た保護廃止に至った理由として最も多いのが、死亡を理由としたものとなっている。経済的自立に至って保護廃止となるのではなく、生活保護に依存した状態から抜け出せずに人生を終えるケースが多いことが分かる。

第2節　低所得者対策制度

1．社会手当制度
1）児童手当

　児童手当は「児童手当法」を根拠とする制度である。その目的は、「父母その他の保護者が子育ての第一義的責任を有するという基本認識の下に、児童を養育している者に児童手当を支給することにより、家庭等における生活の安定に寄与するとともに、次代の社会を担う児童の成長に資する」である。対象は0歳から中学校修了（15歳に達する日以後の最初の3月31日）までの児童をもつ世帯である。所得制限があり、前年の所得が一定（扶養親族等3人の場合、年収960万円）未満で受給対象となる。3歳未満の場合は月額1万5,000円、3歳以上小学校修了前の場合は第1子と第2子が月額1万円、第3子が月額1万5,000円、中学生の場合は月額1万円である。

2）児童扶養手当

　児童扶養手当は「児童扶養手当法」を根拠としている。その目的は「離婚等による母子家庭等の生活の安定と自立の促進に寄与することにより、児童の福祉の増進を図ること」である。対象は父母の離婚等により父と生計を同じくしない児童を監護する母または養育する者（祖父母等）と、父母の離婚等により母と生計を同じくしない児童を監護しかつ生計を同じくする父である。所得制限があり、一定以上の所得がある場合は一部支給となる。支給額は児童1人の場合、4万3,160円（2020(令和2)年度全額支給の場合）、児童2人の場合1万1,090円、3人以上の場合、1人あたり6,110円が加算される（2020(令和2)年度）。

3）特別児童扶養手当

　特別児童扶養手当は、「特別児童扶養手当等の支給に関する法律」を根拠としている。その目的は、「精神または身体に障害を有する児童に特別児童扶養手当を支給することにより、これらの児童の福祉の増進を図ること」である。児童が福祉施設に入所している場合は、現に扶養していないという理由から支給されない。所得制限があり、前年の所得が一定以上の場合には手当は支給されない。支給額は児童の障害の程度によって異なり、中度（2級）の場合は1人あたり3万4,970円、重度（1級）の場合は1人あたり5万2,500円である（2020(令和2)年度より適用）。

4）特別障害給付金

　特別障害給付金は、「特定障害者に対する特別障害給付金の支給に関する法律」を根拠として、無年金障害者の一部に対する救済制度である。支給額は1級で月額5万2,450円、2級で月額4万1,960円である（2020(令和2)年度）。

表6−7　生活福祉資金一覧

資金の種類		
総合支援資金	生活支援費	生活再建までの間に必要な生活費用
	住宅入居費	敷金、礼金等住宅の賃貸契約を結ぶために必要な費用
	一時生活再建費	生活を再建するために一時的に必要かつ日常生活で賄うことが困難である費用 ・就職、転職を前提とした技能習得に要する経費 ・滞納している公共料金等の立て替え費用 ・債務整理をするために必要な経費　等
福祉資金	福祉費	・生業を営むために必要な経費 ・技能習得に必要な経費及びその期間中の生計を維持するために必要な経費 ・住宅の増改築、補修等及び公共住宅の譲り受けに必要な経費 ・福祉用具等の購入に必要な経費 ・障害者用の自動車の購入に必要な経費 ・中国残留邦人に係る国民年金保険料の追納に必要な経費 ・負傷または疾病の療養に必要な経費及びその療養期間中の生計を維持するために必要な経費 ・介護サービス、障害者サービス等を受けるのに必要な経費及びその期間中の生計を維持するために必要な経費 ・災害を受けたことにより臨時に必要となる経費 ・冠婚葬祭に必要な経費 ・住居の移転等、給排水整備等の設置に必要な経費 ・就職、技能習得等の支度に必要な経費 ・その他日常生活上一時的に必要な経費
	緊急小口資金	緊急かつ一時的に生計の維持が困難となった場合に貸付ける少額の費用
教育支援資金	教育支援費	低所得世帯に属する者が、高等学校、大学または高等専門学校に就学するのに必要な経費
	就学支援費	低所得世帯に属する者が、高等学校、大学または高等専門学校への入学に際し必要な経費
不動産担保型生活資金	不動産担保型生活資金	低所得の高齢者世帯に対し、一定の居住用不動産を担保として生活資金を貸付ける資金
	要保護世帯向け不動産担保型生活資金	要介護の高齢者世帯に対し、一定の居住用不動産を担保として生活資金を貸付ける資金

〔出典：厚生労働省〕

貸付条件				
貸付限度額	据置期間	償還期間	貸付利子	連帯保証人
（二人以上）月20万円以内 （単身）　　月15万円以内 ・貸付期間：12月以内	最終貸付日 から6ヶ月以内	据置期間経過後 20年以内	保証人あり 無利子 保証人なし 年1.5％	原則必要だ が、保証人 なしでも貸 付可能
40万円以内	貸付の日（生活支援費とあわせて貸し付けている場合は、生活支援費の最終貸付日）から6月以内			
60万円以内				
580万円以内 ＊資金の用途に応じて上限目安額を設定	貸付の日（分割による交付の場合は最終交付日）から6月以内	据置期間経過後 20年以内	保証人あり 無利子 保証人なし 年1.5％	原則必要だが、保証人なしでも貸付可能
10万円以内	貸付の日から 2月以内	据置期間経過後 8月以内	無利子	不要
（高校）月3.5万円以内 （高専）月6万円以内 （短大）月6万円以内 （大学）月6.5万円以内	卒業後 6月以内	据置期間経過後 20年以内	無利子	原則不要 ＊世帯内で連帯借受人が必要
50万円以内				
・土地の評価額の70％程度 ・月30万円以内 ・貸付期間 借受人の死亡時までの期間または貸付元利金が貸付限度額に達するまでの期間	契約の終了後 3月以内	据置期間 終了時	年3％、または長期プライムレートのいずれか低い利率	必要
・土地及び建物の評価額の70％程度（集合住宅の場合は50％） ・生活扶助額の1.5倍以内 ・貸付期間 借受人の死亡時までの期間または貸付元利金が貸付限度額に達するまでの期間				不要

5）特別障害者手当

　「特別児童扶養手当等の支給に関する法律」を根拠法とした特別障害者手当は、20歳以上で身体障害者手帳1・2級程度及び療育手帳が交付され重度・中度の知的障害が重複している者、もしくはそれと同等の疾病、精神障害を有する障害者に対する給付である。福祉施設入所者や病院等に3ヶ月以上収容されている者については支給されない。支給額は2万9,350円となっている（2020（令和2）年度より適用）。受給資格のある障害者本人またはその扶養親族の前年の所得が一定以上ある場合は支給されない。

6）障害児福祉手当

　「特別児童扶養手当等の支給に関する法律」を根拠法とした障害児福祉手当は、障害児本人への支給となる。福祉施設に入所している場合は支給されない。また、扶養親族の人数に応じて、受給資格のある障害児またはその扶養親族の前年の所得が一定以上ある場合は支給されない。支給額は月額1万4,880円である（2020（令和2）年度より適用）。

2．公営住宅制度

　公営住宅制度は、国土交通省の管轄下における制度であり、「公営住宅法」を根拠法とする。公営住宅は、健康で文化的な生活を営むに足りる住宅を整備し、住宅に困窮する低所得者に対して低廉な家賃で賃貸することにより、国民生活の安定と社会福祉の増進に寄与することを目的とする制度である。公営住宅の供給を行う地方公共団体が事業主体である。

　入居資格要件は、①同居親族要件、②入居収入基準、③住宅困窮要件の3点である。

　①の同居親族要件については、現に同居し、または同居しようとする親族がいることである。

　②の入居収入条件としては、政令で規定する基準は月収15万8,000円以下であり、入居者の心身の状況、世帯構成等を勘案し、特に居住の安定を

　図る必要がある場合等については月収25万9,000円以下となっている。
　③住居困窮要件については、現に住宅に困窮していることが明らかな者である。

　入居するためには、原則として事業主体者は入居者を公募しなければならない。家賃は入居者収入、公営住宅の状態を考慮した上で、近隣の賃貸住宅の家賃以下である。収入超過者の場合は3年以上入居している場合、公営住宅を明け渡す努力義務が課せられている。さらに、高額所得者の場合は5年以上入居している場合、最近2年間月収39万7,000円以上の高額の収入がある場合、事業主体は期限を定めて公営住宅の明け渡しを請求することができる。

3．生活福祉資金貸付制度等

　生活福祉資金貸付制度は、都道府県社会福祉協議会を実施主体として、都道府県内の市区町村社会福祉協議会が窓口となって実施している制度である。資金の貸付による経済援助以外に必要な援助指導を行う。その際、相談支援を行うのは地域の民生委員である。

　貸付対象は①低所得世帯、②障害者世帯、③高齢者世帯である。資金の種類は2009（平成21）年に大幅な見直しにより4種類に整理された。

注

1）「生活保護法」の制定から改正の変遷については、「生活保護の現状と課題―より公正、公平な生活保護制度の構築に向けて―」（内藤，2012）を参照のこと
2）制度改正の背景については、厚生労働省「生活保護関係全国係長会議資料（平成25年5月20日）」を参照のこと
3）第196回国会に厚生労働省が提出した「生活困窮者等の自立を促進するための生活困窮者自立支援法等の一部を改正する法律案」（平成30年2月9日提出）を参照のこと
4）実施機関については、『新版公的扶助』（成清他，2006）を参照のこと
5）自立支援プログラムの取組みについては、厚生労働省社会・援護局保護課が公表した「全国の自立支援プログラムの取組状況について」を参照のこと

第7章　子ども福祉

第1節　わが国の社会的養護の歴史

1．戦前の子ども福祉

　第二次世界大戦後は、「日本国憲法」により自由権、平等権、社会権、基本的人権、さらには教育を受ける権利・受けさせる義務などが謳われている。つまり「国民の権利」を保障するようになった。当時は国民全体が劣悪な環境で厳しい生活を強いられるなかで、戦争で親を亡くした戦災孤児や、引揚孤児の対策が大きな問題であった。このような状況に対処するべく本格的に福祉の向上が議論され、1947(昭和22)年に孤児だけではなく、全児童を対象とした一般的保護を行う「児童福祉法」が制定された。そこでまず戦前の児童救済施策と篤志家たち慈善事業について説明する。

1）明治時代における児童救済施策と慈善事業

　明治政府は中央集権化を図り、早急に近代国家確立を形成するために地租改正を行い殖産興業と富国強兵政策を進めた。その対応の1つとして、幕府体制の時期から続く堕胎や間引きの取締りを行い労働力・強兵力の強化を行った。また一般的救貧施策として誕生したのが、わが国初の救済立法である「恤救規則」（1874(明治7)年）である。

　この救済制度は、家族や親戚、地縁的関係といった「人民相互の情誼」によって対処されるべきものとされ、それ以外の老、幼、疾病、廃疾などの稼働能力がなく扶養者もいないといった「無告ノ窮民」を対象としていた。しかしこの制度は、最低の米代を下米相場で換算して支給する極めて恩恵的性

格の強いものであった。

　このような状況下のなかで、多くの篤志家たちが棄児や孤児を収容する児童救済施設を設立している。その代表的な施設が石井十次の「岡山孤児院」と留岡幸助の「家庭学校」である。石井十次が1887 (明治20) 年に創設した岡山孤児院は現在の児童養護施設である。この施設はイギリスのバーナードホーム孤児院にならい、子どもたちを10～15人に分けて暮らす家族制度（小舎制）であった。2年後には51名、1891 (明治24) 年に起きた濃尾地震では93名、1906 (明治39) 年の東北凶作でも無差別収容の立場にたって孤児を救済したため、最盛期には約1,200人の子どもが入所していた。

　1880 (明治13) 年頃から非行や虞犯行為、触法行為を繰り返す子どもたちの感化教育を行うため、全国の篤志家たちによって「感化院」が設立された。この動きが後押しとなり、感化教育を目的とした「感化法」が1900 (明治33) 年に制定された。感化院の代表的なものに留岡幸助が1899 (明治32) 年に東京に創設した家庭学校がある。その理念は、「能く働き、能く食べ、能く眠らしめる」という三能主義のもと、職員夫婦と同じ屋根の下で共同生活を送り、子どもたちの人格形成に尽力してきた。

2）大正時代から戦後までの児童救済と慈善事業

　近代国家としての資本主義社会が発展するなかで、産業構造の変化に取り残され、生活が窮乏するなかで多くの人々が極貧生活を送っていた。1909 (明治42) 年から当時学生であった賀川豊彦が、日本で最も大きな神戸のスラム街に身を投じて貧困者に対するセツルメント事業に尽力していた。

　このように貧困問題に対する法整備が不備であるなか、1917 (大正6) 年に岡山県で済世顧問制度が創設された。当時の岡山県知事であった笠井信一が県下の生活状況を調査した結果、県民の1割が極貧生活の状態であることを知り、この防貧制度を制定した。それは①地域の優れた人材に顧問を委嘱する、②防貧活動を使命とする、③自立能力を潜在させている人々がその力を発揮できる機会を提供し自立を支援すること、としていた。

翌年の1918(大正７)年には方面委員制度が創設された。これは同年に富山県で発生した米騒動が大阪にも波及したことを受けて、当時の大阪府知事であった林市蔵が救済機関として地域に方面委員を置き、担当地域の世帯内状況の把握、生活困窮者の救済を行うこととした。この方面委員が全国に普及し、「恤救規則」で救済できていない生活者の把握や支援を行ってきた。1936(昭和11)年には「方面委員令」が公布され、地域ごとの状況に応じた法基盤が整えられている。この方面委員は戦後1948(昭和23)年に、民生委員（児童委員）となった。

　これまでも述べてきたように戦争終結後で最も被害を受けたのは子どもである。浮浪児が集中している東京、神奈川、愛知、大阪などの都市部に特別保護対策を行うため、1946(昭和21)年９月に厚生次官通達で「主要地方浮浪児保護要綱」[1]を指示し、浮浪児を保護という名目で強制収容する狩り込みを行ったが問題が解決するに至らなかった。1947(昭和22)年２月の厚生省全国一斉調査によると、18歳未満の戦災孤児数は一般孤児81,259人、空襲孤児・戦死孤児28,254人、引揚孤児11,351人、棄迷児2,649人で123,513人である[2]。このような深刻な状況のなか、同年８月11日第１回国会において「児童福祉法」案が提出され可決され翌年４月から施行された。

第２節　少子化の進行

１．人口の動態

　2017(平成29)年10月の国勢調査によると、日本の総人口は１億2,670万６千人である。総人口の動態をみると、第二次世界大戦後は一貫して増加が続いていたが、2005(平成17)年に初めて前年を下回り、さらに2011(平成23)年以降は人口が減少に転じている。

　わが国の特徴は、65歳以上の高齢者人口が増加の一途をたどり、高齢化率も27.7％と世界で最も高い水準となっていることである。その一方で、15歳

未満人口の割合が減少し続けいまや13.8％となった。

　近年の出生の動向をみると、2005（平成17）年は106万人、2010（平成22）年は107万人であり、そして2019（令和元）年は86万5,239人で前年と比べても5万3,161人減少している。このように、出生数の多少の増減がありながらも緩やかに減少傾向にある。また少子化の目安となる合計特殊出生率は、団塊世代といわれる第１次ベビーブームの1949（昭和24）年で4.32であり、それから少しずつ減少していったものの、1966（昭和41）年（ひのえうま）の1.58を除き、人口置換水準である約2.1近辺を維持してきた。1971（昭和46）年から1974（昭和49）年の第２次ベビーブームでは1971（昭和46）年の2.16を最高に増加と減少を繰り返しながら、緩やかに減少し続け、2019（令和元）年で1.36となっている。

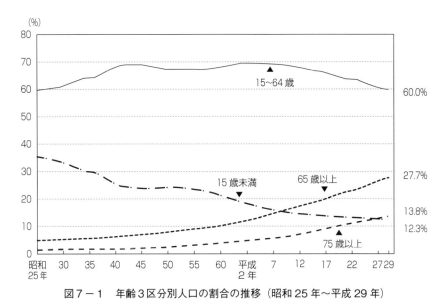

図７－１　年齢３区分別人口の割合の推移（昭和25年〜平成29年）

〔出典：厚生労働省Webサイト、https://www.stat.go.jp/data/jinsui/2017np/index.html（2018. 12. 10 アクセス）〕

2．少子化の原因

1）年齢別出生率

　「結婚と出産に関する全国調査」（第15回）によると、夫婦の理想的な子どもの数は、2015（平成27）年は2.32人であるが、実際の数は2.01人となっている。理想的な子どもの数から実際の数が減る理由としては「子育てや教育にお金がかかりすぎるから」が最も多く、続いて「高年齢で産むのはいやだから」、「欲しいけれどもできないから」が多くなっている。

　それを裏づける年齢別出生率をみると、1975（昭和50）年では25歳で出産した女性が最も多く、その人数は0.22人であったのが、2005（平成17）年で最も多く出産した女性が30歳と年齢が高くなり、出産数は0.10人、さらに2016（平成28）年も同年齢で0.11人と推移している。

　さらに、2019（令和元）年の出生順位別（5歳階級）では、40歳以上の出生

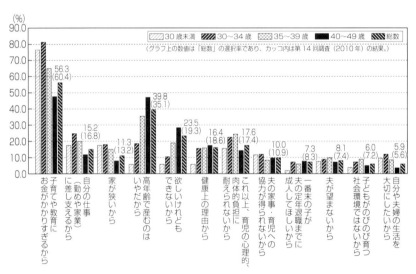

資料：国立社会保障・人口問題研究所「第15回出生動向基本調査（夫婦調査）」（2015年）
注：対象は予定子供数が理想子供数を下回る初婚どうしの夫婦。予定子供数が理想子供数を下回る
　　夫婦の割合は30.3％。

図7−2　妻の年齢別にみた、理想の子供数を持たない理由

〔出典：内閣府Webサイト、https://www8.cao.go.jp/shoushi/shoushika/whitepaper/
measures/w-2018/30pdfhonpen/pdf/s1-5.pdf（2018. 12. 10 アクセス）〕

数が5万840人で40歳以上の出生に占める第一子の割合は36.1％となっている。第一子出生児の母の平均年齢は上昇傾向にあったが、2015（平成27）年からは30.7歳となっている[3]。

2）女性の出産後の就業

　既婚女性で出産前に就業していた女性が、出産後の就業を継続した割合は4割で推移していたが、2014（平成26）年では53.1％に上昇した。それに伴い、正規職員の育児休業の利用率は高くなっているが、パートや派遣社員の利用率は正規職員ほど高くはない。また、末子の妊娠や出産を機に退職した場合では、家事・育児のために自発的な退職、仕事と育児の両立が難しいと考え退職に至った方が多くみられた。

　では男性の育児についてはどうだろうか。子育て世代の30代から40代の男性の15％が週60時間以上働いていることから、長時間労働のために育児や家事に参加できない状況である。そのため、すべての家事・育児の負担割合が女性に集中し、就業の継続が難しい環境であることが想像できる。

第3節　「児童福祉法」と子ども・子育て支援制度

　子どもに対する福祉サービスは、「児童福祉法」を中心とする法制度によって規定されているため、法制度の表記は「児童」となる。しかし、1994（平成6）年に日本国政府が批准した「児童の権利に関する条約」以降は、「子ども」が多用されるようになった。本節では法律を中心としているため「児童」を多用する。

1．「児童福祉法」の理念

　同法第1条において「全て児童は、児童の権利に関する条約の精神にのつとり、適切に養育されること、その生活を保障されること、愛され、保護さ

れること、その心身の健やかな成長及び発達並びにその自立が図られること
その他の福祉を等しく保障される権利を有する」と児童の権利を規定してい
る。

　さらに第2条第1項において「全て国民は、児童が良好な環境において生
まれ、かつ、社会のあらゆる分野において、児童の年齢及び発達の程度に応
じて、その意見が尊重され、その最善の利益が優先して考慮され、心身とも
に健やかに育成されるよう努めなければならない」と児童にとっての最善の
利益について規定されている。

　同じく第2条第2項に「児童の保護者は、児童を心身ともに健やかに育成
することについて第一義的責任を負う」、第3項に「国及び地方公共団体
は、児童の保護者とともに、児童を心身ともに健やかに育成する責任を負
う」とあり、子どもの権利と最善の利益を大前提に、保護者や国、地方公共
団体の責務を規定している。

2．児童の定義

　同法第4条に児童とは、「満18歳に満たない者」と定義し、児童を下記の
ように分類している。さらに障害児とは、「身体に障害ある児童」、「知的
障害のある児童」、「精神に障害のある児童（発達障害者支援法第2条2項
に規定する発達障害児を含む）」とし、さらに治療方法が確立していない疾
病その他の特殊の疾病であって障害者の日常生活及び社会生活を総合的に支
援するための法律第4条第1項の政令で定めるものによる障害の程度が同項
の厚生労働大臣が定める程度である児童をいう、としている。

〔児童〕

ア．乳児　満1歳に満たない者

イ．幼児　満1歳から、小学校就学の始期に達するまでの者

ウ．少年　小学校就学の始期から、満18歳に達するまでの者

3．児童の権利に関する条約

　国際連合加盟国の国民が「国際連合憲章」において、児童が人格の完全なかつ調和のとれた発達のため、家庭環境の下で幸福、愛情及び理解のある雰囲気の中で成長できるようにと、1989(平成元)年11月20日に国際連合総会において採択されたのが「児童の権利に関する条約」である。わが国は、1994(平成6)年4月22日に批准し、翌月の5月22日から効力が発生している。その第3条には次のように「児童の最善の利益」を規定している。

　第3条1　児童に関するすべての措置をとるに当たっては、公的若しくは私的な社会福祉施設、裁判所、行政当局又は立法機関のいずれによって行われるものであっても、児童の最善の利益が主として考慮されるものとする。

　第3条2　締約国は、児童の父母、法定保護者又は児童について法的に責任を有する他の者の権利及び義務を考慮に入れて、児童の福祉に必要な保護及び養護を確保することを約束し、このため、すべての適当な立法上及び行政上の措置をとる。

　第3条3　締約国は、児童の養護又は保護のための施設、役務の提供及び設備が、特に安全及び健康の分野に関し並びにこれらの職員の数及び適格性並びに適正な監督に関し権限のある当局の設定した基準に適合することを確保する。

　また第12条において、「自己の意見を形成する能力のある児童がその児童に影響を及ぼすすべての事項について、自由に自己の意見を表明する権利を確保する」とある。この場合の児童の意見は、その児童の年齢及び成熟度に従って相応に考慮されるものとしている。

第4節　保育施策について

1．保育を取り巻く状況

　「児童福祉法」が施行された当時の保育所の数は1,476か所、利用児童13万5,530人で必需的に労働に就く被保護者や低所得者が利用していたが、経済成長などを背景に「共働き」が一般化してきた結果、2020（令和2）年4月には、保育所は2万3,759か所を203万9,179人が利用している。また特定地域型保育事業は6,911か所を8万8,755人が、幼稚園型認定こども園等は1,280か所を5万5,718人が、幼保連携型認定こども園は5,702か所を55万3,707人が利用している^{4）}。

　これまで保育所の利用要件は「保育に欠ける児童」が要件であった。つまり、①共働きにより昼間に保育できない状態が常態化していること、②妊娠中・出産後間もないこと、③疾病や負傷・精神もしくは身体障害を有していること、④同居の家族を常時介護していること、⑤災害の復旧にあたっていること等であった。

　しかし、2012（平成24）年の「子ども・子育て支援法」の成立により要件が「保育に欠ける」から「保育の必要性」になった。その詳細は下記のとおりである。

〔保育の必要性〕

①就労〔フルタイム、パートタイム、夜間など基本的にすべての就労に対応〕

②妊娠・出産

③保護者の疾病・障害

④同居または長期入院している親族の介護・看護〔兄弟姉妹の小児慢性疾患に伴う看護なども含む〕

⑤災害復旧

⑥求職活動〔起業準備も含む〕

⑦就学〔職業訓練校等における職業訓練を含む〕

⑧虐待やDVの恐れがあること

⑨育児休業取得時に、既に保育を利用している子どもがいて継続利用が必要であること

⑩その他、上記に類する状態として市町村が認める場合

2．子ども・子育て関連3法

　幼児期の質の高い学校教育、保育の一体的な提供、待機児童を解消するための保育の拡充を図り、すべての子どもの良質な成育環境を保障し、子ども・子育て家庭を社会全体で支援することを目的として、2012（平成24）年に「子ども・子育て支援法」、「認定こども園法の一部改正」、「子ども・子育て支援法及び認定こども園の一部改正法の施行に伴う関係法律の整備等に関する法律」が制定された。つまり、これら3法の枠組みが新たな「子ども・子育て支援制度」である。

3．子ども・子育て支援給付と地域子ども・子育て支援事業

　子ども・子育て支援制度の給付は、市町村が実施しその責務を負うこと、子どもの健やかな成長のために適切な環境を確保することである。ここでは、子ども及びその保護者に必要な「子ども・子育て支援給付及び地域子ども・子育て支援事業」について説明する。

1）子ども・子育て支援給付

⑴施設給付

　3歳以上のすべての子どもへの幼稚園等での幼児教育と、保育を必要とする子どもの保育は認定こども園・幼稚園・保育所を通じて共通の給付に一本化される。具体的には1号認定から3号認定に区分される。1号認定は、満3歳以上の小学校就学前の子どもで、第2号認定子ども以外のもので、給付施設・事業は幼稚園又は認定こども園となる。2号認定は、同じく3歳以上で小学校就学前の子どもであって、保護者の労働又は疾病その他の内閣府令

で定める事由により、必要な保育を受けることが困難なもので、給付施設・事業は保育所又は認定こども園となる。第3号認定は、満3歳未満で、保護者の労働又は疾病その他内閣府令で定める事由により家庭において必要な保育を受けることが困難であるもので、給付施設・事業は保育所又は認定こども園、小規模保育となる。

　認定こども園については、幼保連携型、幼稚園型、保育所型、地方裁量型の4類型に分類される。学校かつ児童福祉施設の法的性格をもつ幼保連携型こども園と、学校機能に保育所機能を付した幼稚園型、保育所機能に幼稚園機能を付した保育所型の3つの選択肢に加えて、地方自治体が独自で設置する地方裁量型（幼稚園機能と保育機能を併せている）に分けられる。

(2)地域型保育給付

　利用定員6人以上19人以下の子どもを預かる小規模保育や利用定員5人以下の子どもを預かる家庭的保育（保育ママ）、子どもの居宅において保育を行う居宅訪問型保育、従業員の子どもを保育する事業所内保育がある。なお、施設型給付及び地域型保育給付ともに早朝・夜間・休日保育にも対応している。

(3)児童手当

　児童手当は家庭の生活の安定に寄与することや、次代の社会を担う児童の健やかな成長に資するために支給される。

支給対象：中学校卒業までの国内に住所を有する児童

　　　　　（ただし、15歳到達後の最初の年度末まで）

所得制限：960万未満（年収）（夫婦と児童2人）

手当月額：0歳〜3歳　　　　　一律　　　　　15,000円

　　　　　3歳〜小学校卒業まで　第1子・第2子　10,000円

　　　　　　　　　　　　　　　第3子以降　　15,000円

　　　　　中学生　　　　　　　一律　　　　　10,000円

　　　　　所得制限以上　　　　　　　　　　　5,000円

支払期月：毎年2月、6月、10月（各前月分までを支給）

　なお、2022(令和 4)年に所得制限以上の場合の特例給付の対象が狭くなる見込みである。

2) 地域子ども・子育て支援事業

(1)利用者支援事業

　子どもや保護者の身近な場所において、相談・助言、情報提供、各関係機関との連絡調整等を行うことで、子ども子育て支援に関する施設や事業を円滑に利用できるように支援する事業

(2)地域子育て支援拠点事業

　保育所、児童館、公共施設等の地域の身近な場所で、乳幼児のいる子育て中の親子が相互の交流を行う場所で、育児相談、情報提供等を実施する事業

(3)妊婦健康診査

　「母子保健法」に規定する検査

(4)乳児家庭全戸訪問事業

　生後 4 か月までの乳児がいる家庭を保健師等が家庭に訪問し、子育てに関する情報の提供・乳児や保護者の心身の状況等の把握、さらに養育に関する相談、助言を行う事業

(5)子どもを守る地域ネットワーク機能強化事業（その他要保護児童等の支援に資する事業）

　要保護児童対策協議会（子どもを守る地域ネットワーク）の機能強化を図るため、調整機関職員やネットワーク構成員（関係機関）の専門性強化とネットワーク機関間の連携強化を図る取り組みを実施する事業

(6)養育支援訪問事業

　乳児家庭全戸訪問事業などで把握された、育児ストレス、虐待の恐れのある家庭、未熟児等を養育している家庭などに訪問し、養育に関する相談、助言を行う事業

(7)子育て短期支援事業

　保護者が疾病等により家庭での養育が困難となった場合、児童養護施設等

において一時的に養育・保護を行う事業

⑻子育て援助活動支援事業（ファミリー・サポート・センター事業）

　子育て中の保護者を会員として、児童の預かり等を希望する者と、援助を行うことを希望する者との相互援助活動に関する連絡・調整を行う事業

⑼一時預かり事業

　保護者が疾病等により家庭での養育が困難となった場合、主に昼間に認定こども園、幼稚園、保育所等で一時的に預かる事業

⑽延長保育事業

　通常の保育利用時間外に、保育する事業

⑾病児保育事業

　疾病にかかっている場合などに、保育所、認定こども園、病院等で一時的に保育を行う事業

⑿放課後児童健全育成事業

　小学生の下校時間帯に、労働等によって保護者が居宅を不在とする場合に、児童館や学校などで放課後遊びおよび生活の場を与えて、その健全育成を図る事業

⒀実費徴収にかかる確保給付を行う事業

　保護者の世帯所得等の事情を勘案して、教育・保育施設に支払う物品の購入費用や行事参加費用等の実費に要する費用等を助成する事業

⒁多様な事業者の参入促進・能力活用事業

　民間事業者の参入促進に関する調査研究、多様な事業者の能力を活用した教育・保育施設の設置・運営を促進するための事業など

第5節　子どもの福祉の問題

1．児童虐待の現状

　なんらかの理由により家庭で生活できない子どもが、少子化に相反するよ

うに増加している。特に子どもの心身の発達と人格形成に大きく影響する。また児童虐待が深刻な社会問題になっている。その定義は、身体に外傷を生じさせ、またはその恐れのある暴力を加えるといった身体的虐待（殴る、蹴る、たばこの火を押し付ける等）と、児童にわいせつな行為をする、または児童にわいせつな行為をさせること（性的行為の強要、性器や性交を見せる等の行為）、児童の心身の正常な発達を妨げるような著しい減食または長時間の放置といった監護を著しく怠る、さらに保護者以外による身体的・性的・心理的虐待と同様の行為を黙認するなどといったネグレクト（養育の怠慢・拒否）、児童に対する著しい暴言その他の児童に著しい心理的外傷を与える言動（無視、心が傷つく言葉を何度も繰り返す）といった心理的虐待がある。

　この児童虐待は年々増加し、2019(令和元)年に全国の児童相談所（210か所）が児童虐待相談として対応した件数は193,780件（速報値）で過去最高にのぼっている。特に同年は、心理的虐待が56.3％で最も高く、次いで身体的虐待（25.4％）、ネグレクト（17.2％）、性的虐待（1.1％）であった。また児童相談所への通告は、警察からが最も多く、次いで近隣・知人、家族、学校等の順であった。

２．児童虐待の防止対策

　児童虐待防止対策に関する関係閣僚会議の「児童虐待防止対策の強化に向けた緊急総合対策」（2018(平成30)年７月20日）によると、子どもの命が失われることがないよう、国・自治体・関係機関が一体となって対策に取り組むとしている。

　まず緊急的に講ずる対策として、①転居した場合の児童相談所間における情報共有の徹底、②子どもの安全確認ができない場合の対応の徹底、③児童相談所と警察の情報共有の強化、④子どもの安全確保を最優先とした適切な一時保護や施設入所等の措置の実施・解除、⑤乳幼児健診未受診者、未就園児、不就学児等の緊急把握の実施の５つを掲げている。

また、「児童虐待防止対策体制総合強化プラン」（新プラン）を策定し、2016（平成28）年から整備されている「児童相談所強化プラン」を前倒しで実施することになった。具体的には2022（令和４）年までに、児童相談所の児童福祉司の人数を2,000人程度増員させる。これまでひとりの児童福祉司が非行等相談を約10ケース、虐待ケースを約40ケース受け持つ業務量であったのを、ふたつのケースを合わせて40ケースになるよう設定した。さらに地域での相談体制強化を図るため、児童福祉司の追加配置（里親養育支援児童福祉司、市町村支援児童福祉司）をすることになった。

３．児童の自立支援

　子どもは家庭的養護のなかで養育されることが望ましいが、子どものなかには、保護者がいない、または養育させることが適当でないとの理由により、家庭養育が困難な場合がある。そのような子どもたちに対しては、家庭に代わる社会的養護施設で健全な育成を図っている。また近年では、里親家庭などに委託するケースが増えてきている。

１）児童養護施設（「児童福祉法」第41条）

　保護者のない児童（乳児を除く）、虐待されている児童その他環境上養護を要する児童を入所させて、これを養護し、あわせて退所した者に対する相談その他の自立のための援助を行うことを目的とする施設である。

２）乳児院（「児童福祉法」第37条）

　乳児を入院させて、これを養育し、あわせて退院した者について相談その他の援助を行うことを目的とする施設である。

３）母子生活支援施設（「児童福祉法」第38条）

　配偶者のない女子又はこれに準ずる事情にある女子及びその者の監護すべき児童を入所させて、これらの者を保護するとともに、これらの者の自立の

促進のためにその生活を支援し、あわせて退所した者について相談その他の
援助を行うことを目的とする施設である。

4）児童厚生施設（「児童福祉法」第40条）

　児童遊園、児童館等児童に健全な遊びを与えて、その健康を増進し、又は
情操をゆたかにすることを目的とする施設である。

5）障害児入所施設（「児童福祉法」第42条）

　障害児を入所させて、保護、日常生活の指導、独立自活に必要な知識技能
の付与を行う。福祉型と医療型があり医療型は治療も行う。

6）児童発達支援センター（「児童福祉法」第43条）

　児童発達支援センターは、障害児を日々保護者の下から通わせて、支援を
提供することを目的とする施設である。福祉型と医療型がある。
⑴福祉型児童発達支援センター
　日常生活における基本的動作の指導、独立自活に必要な知識技能の付与又
は集団生活への適応のための訓練。
⑵医療型児童発達支援センター
　日常生活における基本的動作の指導、独立自活に必要な知識技能の付与又
は集団生活への適応のための訓練及び治療。

7）児童心理治療施設（「児童福祉法」第43条の２）

　家庭環境、学校における交友関係その他の環境上の理由により社会生活へ
の適応が困難となった児童を、短期間、入所させ、又は保護者の下から通わ
せて、社会生活に適応するために必要な心理に関する治療及び生活指導を主
として行い、あわせて退所した者について相談その他の援助を行うことを目
的とする施設である。

8）児童自立支援施設（「児童福祉法」第44条）

不良行為をなし又はなすおそれのある児童及び家庭環境その他の環境上の理由により生活指導等を要する児童を入所させ、又は保護者の下から通わせて、個々の児童の状況に応じて必要な指導を行い、その自立を支援し、あわせて退所した者について相談その他の援助を行うことを目的とする施設である。

9）児童家庭支援センター（「児童福祉法」第44条の2）

地域の児童の福祉に関する各般の問題につき、児童に関する家庭その他からの相談のうち、専門的な知識及び技術を必要とするものに応じ、必要な助言を行うとともに、市町村の求めに応じ、技術的助言その他必要な援助を行うほか、「児童福祉法」の規定に基づく一定の指導を行い、あわせて児童相談所、児童福祉施設等との連絡調整その他厚生労働省令の定める援助を総合的に行うことを目的とする施設である。

10）助産施設（「児童福祉法」第36条）

保健上必要があるにもかかわらず、経済的理由により、入院助産を受けることができない妊産婦を入所させて、助産を受けさせることを目的とする施設である。

11）里親（「児童福祉法」第6条の4）

⑴養育里親

養子縁組を前提とした里親と区別し、養育里親に養育里親研修を義務づけ、欠格事由や取り消し事由を明確化している。里親手当の引き上げが行われ、里親を支える支援体制も強化されている。

⑵専門里親

養育里親のうち、特に家庭での親密な援助を必要とする被虐待児童等に対し、家庭復帰を目指して問題の改善や治療を図り、自立を支援する。

(3)親族里親

　保護者が行方不明・死亡・拘禁などの理由からその養育が期待できない場合、3親等内の親族に対して委託を認める。ただし、養育費等は支給されるが里親手当は出ない。ただし、扶養義務のない親族（おじ・おば等）が里親をする場合は養育里親が適用になり里親手当が支給される。

12) 小規模住居型児童養育事業（ファミリーホーム）

　定員5～6人で、養育者の住居において家庭的な養護を行う。

注

1）吉田久一『日本社会事業の歴史　新版』勁草書房（1989）p221
2）前掲1）p231
3）厚生労働省（2019）令和元年 人口動態統計月報年計（概数）の概況 結果の概要、p4
　　https://www.mhlw.go.jp/toukei/saikin/hw/jinkou/geppo/nengai19/dl/kekka.pdf
　　（2021.2.15アクセス）
4）厚生労働省（2020）プレスリリース 令和2年9月4日発表
　　https://www.mhlw.go.jp/content/11922000/000678692.pdf（2021.2.15アクセス）

第8章　母子保健福祉と子育て支援

　母子保健サービスは、思春期から妊娠・分娩・産褥・育児期・新生児期・乳幼児期という一貫性のある、そして切れ目のないサービス提供がなされている。

第1節　母子保健事業の各法律における位置づけ

1．「児童福祉法」における母子保健事業

　1947（昭和22）年、「児童福祉法」が制定された。その後、終戦の公衆衛生の一環として、母子健康福祉対策が実施された。対策では、育成医療[1]・未熟児対策・新生児訪問指導・乳幼児健康診断などが実施されていた。その後、さらなる問題改善を目指し、1965（昭和40）年に「母子保健法」が制定された。

　ここではまず「児童福祉法」において母子保健事業がどのように位置づけられているか確認していく。

1）理念

「児童福祉法」において、その理念は以下とされている。

（理念）
第1条　全て児童は、児童の権利に関する条約の精神にのつとり、適切に養育されること、その生活を保障されること、愛され、保護されること、その心身の健やかな成長及び発達並びにその自立が図られることその他の福祉を等しく保障される権利を有する。

2）責任

また同法にて、責任については、次のように明記されている。

> （責任）
> 第2条第3項　国及び地方公共団体は、児童の保護者とともに、児童を心身ともに健やかに育成する責任を負う。

以上のことより、子育ての責任は、保護者はもちろん国や地方公共団体にもその責任があり、また、全ての児童の生活保障や成長発達などの福祉の保障は、すべての国民にその責任があると解釈できる。

3）保健所の役割

母子保健事業においては、その中でも保健所の役割が中心となっている。そこで、保健所について、「児童福祉法」ではどのように規定されているか確認する。

> （保健所の業務）
> 第12条の6　保健所は、この法律の施行に関し、主として次の業務を行うものとする。
> 一　児童の保健について、正しい衛生知識の普及を図ること。
> 二　児童の健康相談に応じ、又は健康診査を行い、必要に応じ、保健指導を行うこと。
> 三　身体に障害のある児童及び疾病により長期にわたり療養を必要とする児童の療育について、指導を行うこと。
> 四　児童福祉施設に対し、栄養の改善その他衛生に関し、必要な助言を与えること。

つまり、保健所の役割は、①児童の保健に関する正しい衛生知識の普及、②健康相談・健康診査・保健指導、③療育指導、④児童福祉施設に対する栄養の改善及び助言、そしてさらには、⑤結核の児童への療育の給付（第20条）、⑥小児慢性特定疾病医療費の給付（第19条）とされている。

そして保健所には、児童相談所などの各関係専門機関との連携が求められている。

4）市町村の役割

　また、児童及び妊産婦の福祉に関しては、市町村の役割についても「児童福祉法」第10条で触れられている。その内容は以下である。

①児童や妊産婦に関して、必要な実情の把握に努める

②児童や妊産婦に関して、必要な情報提供を行う

③児童や妊産婦に関して、家庭その他からの相談に応じて必要な調査及び指導を行うこと、並びにこれらの付随する業務を行う

④児童や妊産婦に関して、家庭その他への必要な支援を行う

2．「母子保健法」における母子保健事業

　「母子保健法」は1965（昭和40）年に制定され、第1条でその目的を、「母性並びに乳児及び幼児の健康の保持及び増進を図るため、母子保健に関する原理を明らかにするとともに、母性並びに乳児及び幼児に対する保健指導、健康診査、医療その他の措置を講じ、もつて国民保健の向上に寄与する」としている。

1）理念

　「母子保健法」における理念とは、母性の尊重と保護、乳幼児の保健の保持増進、保護者及び国や地方公共団体の乳幼児健康の保持増進への努力となっている。

　条文ではどのように規定されているのか、以下で確認していく。

（乳幼児の健康の保持増進）
第3条　乳児及び幼児は、心身ともに健全な人として成長してゆくために、その健康が保持され、かつ、増進されなければならない。

　また、同法では保護者の努力について、以下のように触れている。

（母性及び保護者の努力）
第4条　母性は、みずからすすんで、妊娠、出産又は育児についての正しい理解を深め、その健康の保持及び増進に努めなければならない。

> 2　乳児又は幼児の保護者は、みずからすすんで、育児についての正しい理解を深め、乳児又は幼児の健康の保持及び増進に努めなければならない。

　しかし、乳幼児の健康保持に関しては、保護者のみにその責務があるのではなく、国及び地方公共団体にもその責務があることが、以下で明記されている。

> （国及び地方公共団体の責務）
> 第5条　国及び地方公共団体は、母性並びに乳児及び幼児の健康の保持及び増進に努めなければならない。
> 2　国及び地方公共団体は、母性並びに乳児及び幼児の健康の保持及び増進に関する施策を講ずるに当たつては、当該施策が乳児及び幼児に対する虐待の予防及び早期発見に資するものであることに留意するとともに、その施策を通じて、前3条に規定する母子保健の理念が具現されるように配慮しなければならない。

2）「母子保健法」における地方自治体が行う母子保健事業の役割

　上記で確認したように、地方自治体には、乳幼児の健康の保持及び増進に努めなくてはならない。そこで、具体策を以下で示していく。

> ①知識の普及（第9条）
> ②保健指導（第10条）
> ③新生児の訪問指導等（第11条）
> ④乳幼児健康診査　1歳6か月健診・3歳児健診（第12条）
> ⑤必要に応じた妊産婦・乳幼児の健康診査又は受診勧奨（第13条）
> ⑥栄養の摂取に関する援助（第14条）
> ⑦母子保健手帳の交付（第16条）
> ⑧妊産婦の訪問指導と診療の勧奨（第17条）
> ⑨未熟児の訪問指導（第19条）
> ⑩未熟児の療育医療の給付（第20条）
> ⑪医療施設の整備（第20条の2）
> ⑫母子健康包括支援センターの設置の努力義務（第22条）

　母子保健サービスには、以上のように、健康診査等、保健指導等、医療対策等がある。

そして、母子保健サービスの体系は以下となっている。

　次に、母子保健サービスの中でも、子育て支援や、児童虐待の早期発見において、近年、特に重要視をされている、乳幼児健康診査について、以下で詳しくみていく。

図8－1　妊娠・出産等に係る支援体制の概要

〔出典：厚生労働省（2015）母子保健関連施策、p1、https://www.mhlw.go.jp/file/05-Shingikai-12401000-Hokenkyoku-Soumuka/0000096263.pdf（2021. 1. 12 アクセス）を元に作成〕

第2節　乳幼児健康診査

　保健所や市町村保健センター[2]の重要な役割の一つに、乳幼児健康診査がある。乳幼児健診は、上記でも確認したように、「母子保健法」第12条の規定により地方自治体が主体となって1歳6か月児健康診査や3歳児健康診査が行われる。これら乳幼児健診には、次のような意義と機能が求められている。

⑴健康状態の把握

　子どもの健康状況だけではなく、その地域の健康状況を把握する意義がある。例えば、「健やか親子21（第2次）」で示されている標準的な問診項目は、子どもの健康状況を把握し保健指導につなげるだけでなく、地域の状況をきめ細やかに把握し対策につなげることも可能である。

⑵支援者との出会いの場

　健診の場は、子どもや保護者が一方的に指導される場ではなく、健診に親子が参加し、地域の関係機関の従事者と出会い、支援を円滑に開始するために活用される意義がある。

⑶多職種が連携した保健指導による支援

　多職種が連携した保健指導では、各専門職種が有する技術や知識を健診に応用することなど、多角的な視点が求められる。多分野の専門知識と技量を従事者間で共有し、工夫することにより、分野間で切れ目のないサービスや支援を提供することが重要である。

⑷一貫した行政サービスを提供するための標準化

　近年、地域住民、とりわけ子育て世代の生活状況はきわめて多様である。里帰りで一時的に居住する場合も、同じ地域の仲間としてその後の支援につながるために、すべての都道府県と市町村において共通の標準的な健診事業の基盤を整えることが必要である。

　以上のように、近年は乳幼児健診の役割が疾病や障がいのスクリーニングに加え、子育て支援につなぐ役割も含まれるようになってきている。従来の

保健指導区分から、「子育て支援の必要性区分」という新たな区分が提案されている。

表8－1　「子育て支援の必要性」の判定の例示

項目名		評価の視点	判定区分	判定の考え方
子の要因	発達	子どもの精神運動発達を促すための支援の必要性	・支援の必要性なし ・助言・情報提供で自ら行動できる ・保健機関の継続支援が必要 ・機関連携による支援が必要	子どもの精神運動発達を促すため、親のかかわり方や受療行動等への支援の必要性について、保健師ほかの多職種による総合的な観察等で判定する。
	その他	発育・栄養・疾病・その他の子どもの要因に対する支援の必要性	・支援の必要性なし ・助言・情報提供で自ら行動できる ・保健機関の継続支援が必要 ・機関連携による支援が必要	子どもの発達や栄養状態、疾病など子育てに困難や不安を引き起こす要因への支援の必要性について、保健師ほかの多職種による総合的な観察等で判定する。
親・家庭の要因		親・家庭の要因を改善するための支援の必要性	・支援の必要性なし ・助言・情報提供で自ら行動できる ・保健機関の継続支援が必要 ・機関連携による支援が必要	親の持つ能力や疾病、経済的問題や家庭環境など子育ての不適切さを生ずる要因への支援の必要性について、保健師ほかの多職種による総合的な観察等で判定する。
親子の関係性		親子関係の形成を促すための支援の必要性	・支援の必要性なし ・助言・情報提供で自ら行動できる ・保健機関の継続支援が必要 ・機関連携による支援が必要	愛着形成や親子関係において子育てに困難や不安を生じさせる要因への親子への支援の必要性について、保健師ほかの多職種による総合的な観察により判定する。

〔出典：山崎嘉久他（2015）標準的な乳幼児期の健康診査と保健指導に関する手引き、p35、https://www.achmc.pref.aichi.jp/sector/hoken/information/file/screening_manual_h27/manual.pdf（2021. 1. 13アクセス）〕

　以上が、乳幼児健康診査についてであった。

　次に、同じく子育て支援や児童虐待の早期発見等に密接に関連してくる、医療機関における母子保健事業の役割についてみていく。

第3節　医療機関における母子保健事業との連携

　子どもの出産・育児と医療機関とは密接に関連している。出産について
は、上記で確認した妊産婦健診と新生児マススクリーニングがある。そして
育児については、上記で確認した乳幼児健診、小児慢性特定疾病医療費の支
給、自立支援医療制度、および子どもの心の診療ネットワーク事業等があ
る。

　以下で、これらの具体的内容をみていく。

1）妊産婦健康診査

　妊産婦健康診査は、正常に経過し分娩に至ることを目的とし、「母子保健
法」第13条に規定されている。

　市町村に実施の義務があり、「妊婦に対する健康診査についての望ましい
基準」（平成27年3月31日厚生労働省告示第226号）では、①妊娠初期より
妊娠23週（第6月末）までは4週間に1回、②妊娠24週（第7月）より妊娠
35週（第9月末）までは2週間に1回、③妊娠36週（第10月）以降分娩まで
は1週間に1回である。

　これに沿って受診した場合、受診回数は14回程度となる。2007（平成19）年
までは公費負担が5回までと制限されていたが、現在では必要な回数全てが
公費負担とされている。

2）新生児スクリーニング

　新生児期におこなわれるスクリーニングは、先天性代謝異常等検査と聴覚
検査があり、いずれも異常の早期発見を目的としている。

(1)新生児マススクリーニング

　先天性代謝異常等を早期発見し治療につなげる目的で、日本では1977（昭
和52）年から開始され、現在ではほぼ100％の受検率にある。新生児マススク
リーニングの対象疾患は、大きく分けて内分泌疾患（ホルモンの異常）2疾

患と、代謝異常症（栄養素の利用障害）の17疾患を主に対象としている。また、この19疾患以外の疾患が見つかる場合もあり、合わせて26疾患が対象となっている。

(2)新生児聴覚スクリーニング

　先天性の難聴を発見するためにおこなう検査である。先天性難聴の出現頻度は1,000人に１〜２人とされていて、他の先天性疾患に比べても頻度が高いのが特徴であり、アメリカの産婦人科学会は、新生児期にスクリーニングすべき対象疾患の中に先天性難聴を含めている。欧米では検査の実施を義務づけて法制化している国もあるが、日本国内では法制化までには至っていない。

3）小児慢性特定疾病医療費の支給

　小児慢性特定疾病医療費は、治療が長期にわたり医療費が高額になる特定の疾患に対し、治療の確立と普及を図り、家族の医療費負担軽減を図るものである。

4）自立支援医療制度

　自立支援医制度は、心身の障害を除去・軽減するための医療について、医療費の自己負担額を軽減する公費負担医療制度であり、対象は３分類ある。

①精神通院医療…「精神保健福祉法」第５条に規定する統合失調症などの精神疾患を有する者で、通院による精神医療を継続的に要する者

②更生医療…「身体障害者福祉法」に基づき身体障害者手帳の交付を受けた者で、その障害を除去・軽減する手術等の治療により確実に効果が期待できる者（18歳以上）

③育成医療…身体に障害を有する児童で、その障がいを除去・軽減する手術等の治療により確実に効果が期待できる者（18歳未満）

5）子どもの心の診療ネットワーク事業

　子どもの心の診療ネットワーク事業は、様々な子どもの心の問題、あるいは児童虐待や発達障害に対応するために、都道府県における拠点病院を中核とし、地域の医療機関並びに児童相談所・保健所・市町村保健センター・要保護児童対策地域協議会・発達障害者支援センター・児童福祉施設及び教育機関等と連携した支援体制の構築を図っている。

第4節　少子化社会等への取り組み

　近年、非婚や晩婚化などの影響により少子化など新たな課題が出現している。1994（平成6）年には、総合的子育て支援対策「エンゼルプラン」が、さらには1999（平成11）年には「新エンゼルプラン」が策定され、乳幼児一時預かり事業・不妊相談センターや周産期医療ネットワークの整備などが盛り込まれた。

　そして、2001（平成13）年から2014（平成26）年まで取り組まれた、国民運動計画「健やか親子21」では、目標の8割ほど一定の改善が認められたが、低出生体重児などの課題があげられた。そこで、現在では新たに「健やか親子21（第2次）」が2015（平成27）年より10年計画で開始されている。

　また他にも、母子保健関連事業の「次世代育成支援対策推進法」が2015（平成27）年度よりさらに10年延長されたり、子ども・子育て支援制度が施行されるなど、子育てを社会全体で支える取り組みに力が入れられている。

　母子保健関連事業に関連するその他の法律として、「地域保健法」「健康増進法」「母体保護法」「予防接種法」「学校保健安全法」「児童虐待の防止等に関する法律」「発達障害者支援法」などがある。

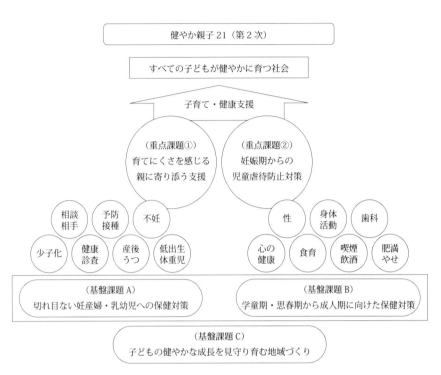

図8−2 「健やか親子21（第2次）」における課題

〔出典：厚生労働省（2015）母子保健関連施策、p13、https://www.mhlw.go.jp/file/05-Shingikai-12401000-Hokenkyoku-Soumuka/0000096263.pdf（2021. 1. 12 アクセス）〕

第5節 保育士が行う母子保健関連の地域子育て支援

　保育士がかかわる子育て支援といえば、保育所単独で行う保育事業であるが、母子保健関連における地域子育て支援の中に、たとえば、乳児家庭全戸訪問事業があげられる。乳児家庭全戸訪問事業とは、「こんにちは赤ちゃん事業」と呼ばれ、市町村が実施主体となり、原則4か月を迎えるまでの乳児のいるすべての家庭を訪問し、子育ての孤立を防ぎ、また子育て支援に関する必要な情報を提供するとともに、実際に支援が必要な家庭に対しては適切

なサービスに結びつける子育て支援事業のことである。

　そして、家庭を訪問するのは保健師や助産師が中心となっているが、特に養育支援が必要な家庭に対しては、保育士等が訪問することがあり、これを養育支援訪問事業という。

注

1）現在の育成医療は、自立支援医療制度の中の一つである。これは、「児童福祉法」第4条第2項に規定する障害児で、その身体障害を除去、軽減する手術等の治療によって確実に効果が期待できる者に対して提供される、生活の能力を得るために必要な自立支援医療費の給付を行うものとされている。

2）市町村保健センターは、「地域保健法」第18条に基づき、市町村が設置することができる行政機関である。そして、市町村保健センターにおける児童福祉関係業務の主なものは、次のとおりである。①乳幼児に対する保健指導、②乳幼児に対する訪問指導、③1歳6か月児健康診査・3歳児健康診査などの乳幼児健康診査

第9章　高齢者福祉

第1節　高齢者福祉の歴史と動向

1.　高齢者福祉の歴史

　欧米諸国では、現代の社会福祉の体系が確立される前は、相互扶助、慈善事業や博愛の精神での活動形態があった。日本では従来、親族間の情誼や道徳に頼って、高齢者を支援することが一般的であった。「民法」の親族編を見ても、配偶者、直系尊属、兄弟姉妹には扶養義務があるとされている。特別な場合には、さらに範囲を広げて三親等内（伯父・叔父や伯母・叔母など）にも扶養義務があると定められている。

　この法律は戦前から続いているものであるが、現在は法律の意義が失われつつある。家制度と村落共同体に基づく相互扶助の思想が一般的であった時代から、現代においてもその思想が根強くある一方、戦後、核家族化などの家族形態の変化などにより、自分の生活を犠牲にしてまで援助することが一般的でなくなってきていることも否めない。

　救済に関する社会全体の制度として誕生したのは、1874(明治7)年に制定された「恤救規則」であり、農民一揆の激増を機に制定された救貧制度である。この規則においては、「人民相互ノ情誼」という、親族や近隣住民等の相互扶助を前提にしながら「身寄りがなく孤独な70歳以上の者、70歳以上か15歳以下の病気・身体に障害がある者」等に対し救助米相当の全銭を支給する制度であった。さらに、自宅での生活が困難な者に対しての初めての社会福祉施設としては、1872(明治5)年東京養育院の設立がある。生活困難な高齢者の施設としては、聖ヒルダ養老院（1895(明治28)年）、神戸養老院

　(1899(明治32)年) 等をはじめ民間の慈善事業が推進されていった。1929
(昭和4)年、「救護法」が制定(施行1932(昭和7)年) され、65歳以上の身
寄りのない高齢者・生活困窮者、救護を必要とする妊産婦・年少児童をその
対象とした。

　第二次世界大戦終戦の翌年1946(昭和21)年に「日本国憲法」が公布され
た。「日本国憲法」第25条に「生存権の保障」が盛り込まれた。日本の社会
福祉はこの法律に大きな影響を受けた。同年「旧生活保護法」が成立。そし
て成立と同時に、「救護法」が廃止された。1950(昭和25)年には「新生活保
護法」が成立し、国民が権利として社会福祉・生活保護が受けられるように
なった。

　高齢者福祉については「老人福祉法」が制定されるまで、「生活保護法」
の中で、生活に困窮している高齢者のみを対象として支援が行われていた。
在宅生活が困難な者は、施設への収容が行われた。「旧生活保護法」では
「救護施設」として、新生活保護法では「養老施設」として位置づけられ
た。

　また、1956(昭和31)年には、長野県上田市や諏訪市など13の市町村で、ホー
ムヘルプサービスの前身である「家庭養護婦派遣制度」が先駆的に実施され
た。この制度は、生活保護を受けている人や、現在でいう要介護・要支援状態
の高齢者のいる家庭に養護婦を派遣し、介護や介助を行う制度である。

2．老人福祉法と老人保健法の制定

　1963(昭和38)年、高齢者に対する独自の福祉法である「老人福祉法」が制
定された。これにより、高齢者福祉は「生活保護法」による、一部の生活等
に困窮する高齢者の保護を目的とした施策から、全ての高齢者を法の対象と
した。

　「老人福祉法」の施行にあたり、生活保護法下にあった「養老施設」は
「老人福祉法」に移行し、「養護老人ホーム」となった。その他に「軽費老
人ホーム」、「特別養護老人ホーム」、「老人福祉センター」なども制度

化されていった。また1963 (昭和38) 年、「家庭奉仕員制度」として、現在の
ホームヘルプサービス等の在宅サービスも、この法に位置づけられ、低所得
者の一人暮らしの高齢者世帯に、家事や介護のサービスを「老人家庭奉仕
員」という名称でホームヘルプサービスを提供するということが制度の中に
位置付けられた。

1972 (昭和47) 年には、「老人福祉法の一部改正」を法的根拠に、「老人医
療費支給制度 (老人医療費無料制度)」が成立した。「福祉元年」と言われ
た1973 (昭和48) 年より、高額所得者を除く70歳以上の国民健康保険被保険者
と被用者保険の被扶養者の医療費無料化が実施された。しかし、全国的に過
剰診療なども多く、高齢者の受診率が予想以上に上昇し医療費の急激な増加
の要因となり、1982 (昭和57) 年に成立した「老人保健法」を契機として一部
自己負担に戻された。さらに膨れ上がった高齢者の医療費の軽減を目的とし
て、診療報酬を引き下げ、長期入院を自制する仕組みを導入した。

「老人保健法」による老人保健制度は、これからの本格的な高齢社会の到
来に対応し、疾病の予防、治療、機能訓練等の保健事業を総合的に実施する
ために、保健事業を「医療等」と「医療等以外の保健事業」に区分した。い
ずれも実施主体は市町村とされた。

1970年代以降、病院において、医学的には治療が落ち着き、入院の必要が
なく、在宅での療養が可能であるにもかかわらず入院を継続している、いわ
ゆる「社会的入院」の問題が顕在化するものの、入院中の高齢者が地域に戻
るための基盤が薄く在宅復帰が困難な状況であった。この中には障害が残っ
た要介護高齢者が多数含まれると推測されたが、地域ではそれを支援するシ
ステムが作られていなかった。

在宅福祉の充実を目的に、1978 (昭和53) 年「ショートステイ」 (短期入所
生活介護) 事業が開始、1979 (昭和54) 年「デイサービス」 (通所介護) 事業
が開始された。1982 (昭和57) 年「老人保健法」において、ホームヘルパーを
25%増員し、それまでは低所得者のみの対象だったものを、所得税課税世帯
も家庭奉仕員 (ホームヘルパー) を利用できるようにした。料金システムは

応益負担を義務づけたこともあり、ホームヘルパーの利用については、一般家庭ではあまり伸びなかった。

1986(昭和61)年、今後の高齢化社会への社会的対応のための基本的考えを示した「長寿社会対策大綱」を定めた。これを具現化するため、1988(昭和63)年「長寿・社会福祉を実現するための、施策の基本的考えかたと目標について」いわゆる「福祉ビジョン」が打ち出され、ホームヘルパー5万人計画が打ち出された。

1987(昭和62)年、これまでの「社会的入院」の問題に対応するため、「老人保健法」を改正し、「老人保健施設」という在宅と施設の「中間施設」が作られた。入所施設ではあるが、入所期間を数か月で区切り、在宅復帰を前提とし、病状が安定している者に対して看護・介護・リハビリテーションなどを提供し、在宅復帰を目指すことを目的の1つとしている。また、高齢者の生活・医療・住宅・その他総合的な相談窓口として、各都道府県に「高齢者総合相談センター（シルバー相談センター）」が設けられた。同年、介護、福祉に関わる人々に対して、専門職制度として「社会福祉士及び介護福祉士法」が制定された。社会福祉の分野に関して、専門的な知識と技術を持って支援を行うことが必要になってきたことが窺える。

3．ゴールドプランと新ゴールドプラン

1989(平成元)年12月、「高齢者保健福祉推進十か年戦略（ゴールドプラン）」が策定された。在宅福祉推進十か年事業として、ホームヘルパーを10万人体制にすること、「寝たきり老人ゼロ作戦」の展開、施設対策推進十か年事業として特別養護老人ホーム、過疎地域における高齢者生活福祉センターの整備などが掲げられた。

翌1990(平成2)年には、社会福祉関係八法（「老人福祉法」、「身体障害者福祉法」、「精神薄弱者福祉法」、「児童福祉法」、「母子及び寡婦福祉法」、「社会福祉事業法」、「老人保健法」、「社会福祉・医療事業団法」）の改正を骨子とする「老人福祉法等の一部を改正する法律」が成立し

た。これによって、特別養護老人ホームなどの入所措置権限が市町村に委譲され、施設福祉と在宅福祉の市町村レベルによる一元化を図った。また、老人保健福祉計画の策定が都道府県および市町村に義務づけられ、それが結果的にゴールドプラン見直しの契機となった。これについては、市町村に対して新たな担い手と財源の確保とサービス提供の責務を課すものでもあった。

　また同年、保健医療・福祉マンパワー対策本部が開設され、1991（平成3）年には「保健医療・福祉マンパワー対策大綱」が示された。内容については、保健・医療・福祉の現状の問題点を指摘したうえで、社会福祉労働の従事者に対する処遇改善、資質向上、社会福祉士・介護福祉士といった専門資格者の活用、就業促進が図られた。

　さらに、1992（平成4）年には、ホームヘルパーなども適用対象とする「社会福祉事業法及び社会福祉施設職員退職手当共済法の一部を改正する法律」が成立し、処遇の一部改善が実現された。また、中央福祉人材センター、都道府県福祉人材センター、福利厚生センターなどについての規定も設けられた。

　高齢化のスピードの速さにかんがみ、新たに目標を設定しなおした「新ゴールドプラン」が1994（平成6）年に策定された。2000（平成12）年4月の介護保険制度の導入で生じる新たな需要に対するため、新ゴールドプランの柱として、在宅介護の充実に重点を置き、ホームヘルパー17万人確保、訪問看護ステーション5,000箇所設置などを目標とした。

4．ゴールドプラン21と公的介護保険制度

　新ゴールドプランは1999（平成11）年度で終了し、新たに策定された高齢者保健福祉5か年計画が「ゴールドプラン21」である。2000（平成12）年度から平成2004（平成16）年度までの期間設定とされているゴールドプラン21は、「いかに活力ある社会を作っていくか」を目標としている。「いつでもどこでも介護サービス」「高齢者が尊厳を保ちながら暮らせる社会づくり」「ヤング・オールド（若々しい高齢者）作戦」の推進、「支えあうあたたかな地

域づくり」「保健福祉を支える基盤づくり」等々、介護サービスの基盤整備
と生活支援対策などが位置付けられ、新ゴールドプランには盛り込まれてい
なかったグループホームの整備などを具体的な施策として掲げている。

　また、ゴールドプラン制定から5年が経過し、本格的な高齢化社会に備え
るために、1994(平成6)年4月、厚生省内のプロジェクトチームにより介護
保険制度創設の検討が始まった。1994(平成6)年12月には、高齢者介護対策
本部本部長の私的検討会である「高齢者介護・自立支援システム研究会」が
介護保険制度の創設を提言した。さらに、総理大臣の諮問機関である社会保
障制度審議会の1994(平成6)年7月の勧告でも介護保険制度創設の必要性が
盛り込まれた。1994(平成6)年ドイツで介護保険制度が成立、施行したこと
も日本の介護保険制度実施に影響を与えたといえる。

　その後、介護報酬の調整や、介護保険制度の利用者一人ひとりに作成を法
的に義務付けている「サービス計画書（ケアプラン）」の作成業務の中核を
担う、介護支援専門員（ケアマネジャー）の養成等の整備を経て、2000(平
成12)年4月に公的「介護保険法」施行の運びとなった。

第2節　老人福祉法と高齢者の医療の確保に関する法律

1．老人福祉法

　1963(昭和38)年に制定された「老人福祉法」の目的は、「この法律は、老
人の福祉に関する原理を明らかにするとともに、老人に対し、その心身の健
康の保持及び生活の安定のために必要な措置を講じ、もつて老人の福祉を図
ることを目的とする」（第1条）とされている。基本的理念に関しては、
「老人は、多年にわたり社会の進展に寄与してきた者として、かつ、豊富な
知識と経験を有する者として敬愛されるとともに、生きがいを持てる健全で
安らかな生活を保障されるものとする」（第2条）とされている。さらに条
文には、老人の自助努力、社会の責任も明記されている。対象者のニーズに

個人差が大きいという理由から対象となる老人の明確な定義は設けられなかった。

　2003(平成15)年に施行された、改正「老人福祉法」では、「老人の日及び老人週間」（第5条）について規定され、国民の老人の福祉についての関心と理解を深め、老人に対しても自らの生活の向上に努めることを促すため、老人の日及び老人週間を設けた。1966(昭和41)年、老人の日を敬老の日と改め、9月15日を国民の祝日とした。2001(平成13)年には、敬老の日を「9月の第3月曜日」に設定し、9月15日から21日を老人週間と規定した。

2．老人福祉法における措置

1）老人居宅生活支援事業

⑴老人居宅介護等事業（ホームヘルプ）

　「老人福祉法」での「老人居宅生活支援事業」の1つで、訪問介護やホームヘルプとも呼ばれる事業である。65歳以上の老人で、身体上または精神上の障害のために、日常生活に支障がある人などを対象にして、居宅での入浴、排泄、食事、移動等の介護、調理、洗濯、掃除などの家事や生活に関する相談などを行う。

⑵老人デイサービス事業（デイサービス）

　いわゆる「日帰り介護施設」である。おおむね65歳以上の在宅の虚弱老人、寝たきり老人、重度の徘徊型認知症の高齢者を対象とし、必要であればリフトバスなどを用いて送迎し、デイサービスセンターに来所し介護を行う。入浴、排泄、食事などの介護、機能訓練、日常生活上の動作訓練、生活指導、レクリエーションなどを行い、社会交流の促進や心身機能の維持を図り、さらには、常時介護している家族の負担軽減も図ることを目指した事業で、実施主体は市町村である。事業の類型は、「A型（重介護型）」「B型（虚弱型）」「C型（軽介護型）」「D型（小規模型）」および「E型（排徊型認知症の毎日通所型）」の5つがあった。

　しかし、2000(平成12)年介護保険制度導入後は、認知症対応型通所介護と

その他の通所介護の2種類に区分された。サービスの時間数や定員、単独型、併設型などの詳細は事業所ごとに設定されている。

(3)老人短期入所事業（ショートステイ）

　介護者の病気などの理由で、寝たきり状態の高齢者などが一時的に、居宅において介護を受けることが困難となった場合、介護が必要な高齢者が短期間入所による養護を受ける事業である。事業の対象は、65歳以上の者であって、心身の障害のために日常生活を営むのに支障がある者で、かつ止むを得ない事由により、介護保険法での通所介護の利用が困難と認められる高齢者である。

2）老人福祉施設

(1)養護老人ホーム

　65歳以上（特別な事情のある場合は60歳以上）の高齢者で、心身の機能が低下して日常生活に支障のある人、環境上、および経済的な理由によって、家庭で養護を受けることが困難な人などが入居できる施設である。また、低所得で虚弱で身寄りもないなど居宅での生活が困難な高齢者も対象となる。寝たきりではなく、自分の身の回りのことがある程度できる人が入所できる。費用は入居者と、扶養義務者がその負担能力に応じて支払いを行う。

(2)特別養護老人ホーム

　対象者は、心身に著しい障害があり、介護保険で介護の必要があると認定された要介護者（常時の介護が必要な寝たきり老人や認知症の老人など）が利用することができる。低所得者に限られないのが特徴の1つである。現在、「老人福祉法」における特別養護老人ホームには、市町村長の権限で、何らかの虐待などを受けた高齢者を緊急避難的に、特別養護老人ホームに入所させるという行政処分による入所が存在している。入所経費は、介護保険による介護福祉施設サービス費の利用者負担分のほか、食費・居住費（ホテルコスト）などの自己負担がある。居住費は、個室か相部屋かなどによって変わる。

(3)軽費老人ホーム

軽費老人ホームは、家庭で生活が困難な高齢者が、低い料金で食事やその他の日常生活で必要な便宜を受けることができる施設の１つである。軽費老人ホームには「Ａ型」「Ｂ型」および「ケアハウス」の３つの種類がある。なお、2008(平成20)年からＡ型・Ｂ型・ケアハウスはケアハウスの基準になり、従来からあるＡ型・Ｂ型は建替えをするまで「経過的軽費老人ホーム」とされている。軽費老人ホームを利用できるのは、60歳以上か、夫婦のどちらか一方が60歳以上の場合である。低額な料金で高齢者（高齢者夫婦）に、すべて個室化された住居を提供している。Ａ型は食事サービスがあるのに対し、Ｂ型は自炊が基本である。ケアハウスは、高齢などのために身体機能が低下し、自宅での生活が不安な人たちのために、自立とプライバシーを尊重しながら、安全安心で安らぎのある生活が過ごせるような生活環境が整えられた食事付きの施設である。利用料に関しては、利用者の課税の状況により異なるが、日々の生活費に関しては自己負担である。

(4)老人福祉センター

老人福祉施設の１つで、無料または低額な料金で、老人に対して各種の相談に応じたり、健康の増進、教養の向上、およびレクリエーションの便宜などを総合的に供与する施設であり、市民と高齢者の親睦の場でもあり、また憩いの場でもある。

老人福祉センターには、機能や規模に応じて「Ａ型」「特Ａ型」および「Ｂ型」の３つの種類がある。Ａ型は、地域老人福祉活動の拠点となるもので、「生活相談・健康相談」「生業及び就労の指導」「機能回復訓練の実施」「教養講座等の実施」「老人クラブに対する援助」等を行う。これらに「保健・健康増進部門」を強化したものが特Ａ型となる。Ｂ型は、比較的小規模で事業内容も限られ、「各種相談」「教養講座等の実施」「老人クラブに対する援助」などを行う。老人福祉センターの利用は原則無料で、60歳以上の人が対象となっている。

⑸老人介護支援センター（在宅介護支援センター）

　老人福祉に関する専門的な情報の提供、各種施設利用の相談・指導、在宅介護の悩み相談、介護機器・介護用品の相談、在宅福祉サービスの相談、介護を受ける老人やその家族などと老人福祉事業者との連絡調整、その他援助を総合的に行う機能を持つ行政管轄の事業である。地域住民からの緊急な対応にも応じるため、特別養護老人ホーム、老人保健施設、病院などに設置された。

3．高齢者の医療の確保に関する法律

1）老人保健法の概要

　1983年（昭和58）に施行された「老人保健法」は、「高齢者に保健・医療サービスを提供する老人保健制度を定めた法律」として、1982（昭和57）年8月17日に公布され、1983（昭和58）年2月1日から施行された。目的については、第1条に「この法律は、国民の老後における健康の保持と適切な医療の確保を図るため、疾病の予防、治療、機能訓練等の保健事業を総合的に実施し、もって国民保健の向上及び老人福祉の増進を図ることを目的とする」としていた。

　「老人保健法」制定を機に、10年間継続した、いわゆる「老人医療費無料化」の制度を終了し、本人による一部負担金を導入し、老人医療費を再び有料とした。

　基本的理念に関しては、「国民は、自助と連帯の精神に基づき、自ら加齢に伴って生ずる心身の変化を自覚して常に健康の保持増進に努めるとともに、老人の医療に要する費用を公平に負担するものとする」（第2条の1）とし、さらに、「国民は、年齢、心身の状況等に応じ、職域若しくは地域又は家庭において、老後における健康の保持を図るための適切な保健サービスを受ける機会を与えられるものとする」（第2条の2）として健康に関する自己責任と国家の責務を明記していた。

2）老人保健法に基づく保健事業

⑴老人医療事業

　老人医療事業の対象者は、基本的に70歳以上の高齢者で、老人医療費の負担方法については、一部負担を除いた部分に対して、公費30％（国20％、都道府県5％、市町村5％）と、老人医療費拠出金70％（医療保険の保険者からの拠出金）で賄われてきた。2002(平成14)年の法改正により、受給対象者は基本的に75歳以上に引き上げられた（経過措置あり）。公費負担の割合も30％から50％（国3分の1、都道府県12分の1、市町村12分の1）にするために、2007(平成19)年までの5年間に1年ごとに4％ずつ引き上げることとされた。また、一部負担についても、2002(平成14)年10月からは、定率1割負担（所得が高い場合には2割負担）とされた。

⑵老人保健事業

　老人保健事業は、壮年期（40歳以上）からの健康づくりと、生活習慣病の予防や早期発見を図ることにより、高齢期における健康維持や、医療や介護を要する状態の予防を目的としていた。具体的には、市町村が実施主体として、健康手帳の交付や、健康教育、健康相談、健康診査、機能訓練及び訪問指導の事業があった。保健事業に要する費用は、国、都道府県及び市町村が各3分の1を負担していた。

3）老人保健法から「高齢者の医療の確保に関する法律」

　「老人保健法」は、2008(平成20)年4月1日より「高齢者の医療の確保に関する法律」と名称が改正された。

　その目的は第1条に示されるように、「この法律は、国民の高齢期における適切な医療の確保を図るため、医療費の適正化を推進するための計画の作成及び保険者による健康診査等の実施に関する措置を講ずるとともに、高齢者の医療について、国民の共同連帯の理念等に基づき、前期高齢者に係る保険者間の費用負担の調整、後期高齢者に対する適切な医療の給付等を行うために必要な制度を設け、もつて国民保健の向上及び高齢者の福祉の増進を図

る」とされている。

(1)前期高齢者医療制度

　前期高齢者医療費の財政調整の制度である。65歳以上75歳未満の者を「前期高齢者」と称し対象とした。被用者保険（健康保険組合等）、国民健康保険の「制度間の医療費負担の不均衡の調整」を行うための枠組みである。したがって、被保険者が65歳に達して前期高齢者になっても、75歳に達するまでの間は、従来どおり現在加入している各医療保険者により、療養等の給付や高額療養費等の給付、保健事業を受けることになる。

(2)後期高齢者医療制度（長寿医療制度）

　後期高齢者の心身の特性に合わせた医療サービスを、介護と連携して提供することにより、生活の質を向上させるという「医療の適正化」を目的としている。被保険者は75歳以上の高齢者、及び65歳以上75歳未満の一定の障害認定を受けた者に限られるとされている。原則１割の医療負担、現役並みの所得者は３割の医療負担によって医療を受ける。

第3節　高齢者福祉のサービスの体系（介護保険法）

1．介護保険法成立の背景

　昨今の日本の社会を象徴することばの１つに、「晩婚・少子・長命」ということばがある。現在のわが国における様々な生活問題に影響を与えている事柄だといえる。現在、総人口に対し65歳以上が占める割合である高齢化率は28％を超え、４人に１人以上が65歳以上の時代を迎えた。また、出生率は1.36と近年、多少増加傾向にあるものの依然低い値となっている。

　また、高齢化率の推移をみてみると、1970(昭和45)年に高齢化率が７％を超えて高齢化社会に、1994(平成６)年に高齢化率が14％を超え高齢社会に、2007(平成19)年には高齢化率が21％を超えて超高齢社会に突入し、現在は高齢化率が28％を突破した。さらに高齢化のスピードに関して、高齢化率が

7％を超えてから、倍の14％に達するまでの所要年数を諸外国との比較をみてみると、フランス115年、スウェーデン85年、イギリス47年、ドイツ40年であるのに対し、日本は24年と急速に高齢化が進んでいることがわかる。高齢者の生活の質を高め、介護等に関する国民のニーズに対応することを目標に、1997（平成9）年に成立した「介護保険法」は、2000（平成12）年度からサービスが実施され、本格的にスタートした。

2. 介護保険制度の概要

　第1条では「この法律は、加齢に伴って生ずる心身の変化に起因する疾病等により要介護状態となり、入浴、排せつ、食事等の介護、機能訓練並びに看護及び療養上の管理その他の医療を要する者等について、これらの者が尊厳を保持し、その有する能力に応じ自立した日常生活を営むことができるよう、必要な保健医療サービス及び福祉サービスに係る給付を行うため、国民の共同連帯の理念に基づき介護保険制度を設け、その行う保険給付等に関して必要な事項を定め、もって国民の保健医療の向上及び福祉の増進を図ることを目的とする」としており、「介護保険法」が、利用者主体を大きな目的としていることが窺える。

　近年、急激な高齢化の進展に伴い、要介護高齢者の増加、介護期間の長期化など、介護ニーズがますます増大している。また、核家族化の進行、介護する家族の高齢化など、要介護高齢者を支えてきた家族をめぐる状況も変化してきた。そこで介護保険制度は、高齢者の介護を社会全体で支え合う仕組みを創ることも目的とした。

　2018（平成30）年度厚生労働省老健局『公的介護保険制度の現状と今後の役割』（厚生労働省）によれば、介護保険制度の実施状況について、65歳以上の被保険者数の推移は、2000（平成12）年4月末は2,165万人、2018（平成30）年4月末は3,492万人と約1.6倍に増加している。要介護（要支援）認定者数の推移は、2000（平成12）年4月末は218万人、2018（平成30）年4月末は644万人と約3.0倍に増加している。また、サービスの利用者数については、2000（平

成12）年4月は149万人、2018（平成30）年4月は474万人（居宅介護支援、介護予防支援、小規模多機能型サービス、複合型サービスを足し合わせたもの、並びに、介護保険施設、地域密着型介護老人福祉施設、特定入所者生活介護（地域密着型含む）及び認知症対応型共同生活介護の合計）と約3.2倍になっている。

1）介護保険制度の理念

(1)自立支援

　単に介護を要する高齢者の身の回りの世話をするということを超えて、高齢者の自立を支援することを理念とする。

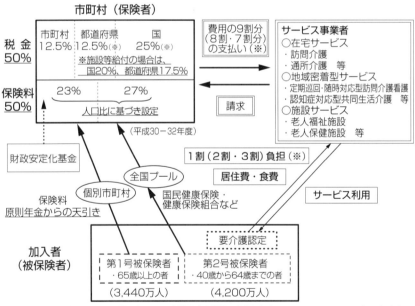

（注）第1号被保険者の数は、「平成23年度介護保険事業状況報告年報」によるものであり、平成23年度末現在の数である。
　　　第2号被保険者の数は、社会保険診療報酬支払基金が介護給付費納付金額を確定するための医療保険者からの報告によるものであり、平成23年度内の月平均値である。
（※）一定以上所得者については、費用の2割負担（平成27年8月施行）又は3割負担（平成30年8月施行）。

図9−1　介護保険制度の仕組み

〔出典：平成30年度厚生労働省老健局「公的介護保険制度の現状と今後の役割」〕

⑵利用者本位

利用者の選択により、多様な主体から保健医療サービス、福祉サービスを総合的に受けられる制度である。

⑶社会保険方式

給付と負担の関係が明確な社会保険方式を採用している（図9－1参照）。

2）保険者

保険者は、介護サービスにおける地域の特性や市町村単独の高齢者福祉施策などの兼ねあい、また事業所指定等一部権限が市町村に移譲したことなど地方分権の流れなどを考慮し、国民に最も身近な行政単位である市町村を介護保険制度の運営主体としている。

3）被保険者

40歳以上の国民は、介護保険の被保険者である。被保険者は年齢により第1号被保険者と第2号被保険者に分けられる。第1号被保険者は65歳以上のもの、第2号被保険者40歳以上65歳未満の医療保険加入者で、介護サービスを利用するときは、「介護保険法」に定められている特定疾病（表9－1参照）により介護や支援が必要であるという認定を受ける必要がある。

表9－1　特定疾病

①がん（がん末期、医師が一般に認められている医学的知見に基づき回復の見込みが無い状態に至ったと判断したものに限る。）　②関節リウマチ　③筋委縮性側索硬化症　④後縦帯骨化症　⑤骨折を伴う骨粗鬆症　⑥初老期における認知症　⑦進行性核上性麻痺、大脳皮質基底核変性症及びパーキンソン病（パーキンソン病関連疾患）　⑧脊髄小脳変性症　⑨脊柱管狭窄症　⑩早老症　⑪多系統委縮症　⑫糖尿病性神経障害、糖尿病性腎症及び糖尿病性網膜症　⑬脳血管疾患　⑭閉塞性動脈硬化症　⑮慢性閉塞性肺疾患　⑯両側の膝関節又は股関節に著しい変形を伴う変形性関節症

4）財源の構成

介護保険制度の財政構成は、「介護保険法」で定められており、公費・保険料・利用者負担で構成されている。介護保険制度での公費とは、国と都道

府県と市町村の税金である。内訳は、居宅給付費の場合、国が25％、都道府県が12.5％、市町村12.5％、保険料が50％、施設等給付費では国が20％、都道府県が17.5％、市町村12.5％、保険料が50％と設定されている。上乗せの財源は公費内訳には含まれない。市町村が条例で支給限度基準額を上乗せする場合があり、上乗せは市町村の第1号被保険者の保険料が財源と定められている。

5）保険料

　保険料については、40歳から65歳未満の人は、加入している医療保険と合わせて徴収される。金額はその人の加入している保険の種類、住んでいる地域、収入額等により決められる。国民健康保険に加入している人は世帯主が世帯全員の分を国民健康保険料と一緒に徴収される。65歳以上の人は、65歳の誕生日の前日より第1号被保険者となる。その誕生日の前日月から第1号被保険者としての徴収が行われる。徴収方法には年金からの天引きによる特別徴収と納付書等による普通徴収がある。介護保険料は、具体的にサービスを利用しなくても支払う義務があり、保険料の滞納に関しては、保険給付が償還払いとなったり利用者負担に関しても制限が出てくる。

6）サービス利用料金

　介護保険制度の契約体系の中では、一般的に介護を受ける側は利用者と呼ばれ、サービスを実施する機関はサービス事業所と呼ばれている。サービス提供に関して、介護支援専門員が属する居宅介護支援事業所や具体的なサービス実施機関であるサービス事業所には介護報酬が支払われる。基本的にはサービス利用総額の9割（一定以上所得者は8割又は7割）が保険給付、1割（一定以上所得者は2割又は3割）が利用者負担となっている。

　介護保険のサービスの1つである、介護支援専門員が業務として行う、いわゆるケアプラン作成やサービス事業所とのサービス担当者会議等の連絡調整に関する業務などは全額保険給付され、利用者の自己負担は無い。訪問

系、通所系、施設系等の各種サービス利用に関しては、9割（一定以上所得者は8割又は7割）が保険給付、1割（一定以上所得者は2割又は3割）が利用者負担である。また、必要なサービスが財政面でも適切に受けることができるよう、利用者負担を一定料金以上支払わなくてもよい（課税により基準が異なる）、高額介護サービス費という制度がある。

3．要介護認定からサービスの利用
1）申請から認定
　第1号被保険者、第2号被保険者が、介護が必要になった場合、または介護を要する状態の軽減若しくは悪化の防止等に支援を要する状態になった場合に、要介護認定を受け、要介護1から5、または要支援1・2の認定を受ける必要がある。

　手順としては、いわゆる申請手続きをしてはじめて利用することができる「申請主義」であり、保険者（市町村）に申請を行う。申請が受理されれば、認定調査員による被保険者の心身に関する聞き取り調査（認定調査）が行われ、合わせて病気や障害等主治医による意見が聴取される（主治医意見書）。

　認定調査と主治医意見書を基に、市町村に設置されている介護認定審査会において審査判定が行われ、要介護（要支援）認定を行う。介護認定に応じて、要介護者に対しては在宅・施設両面にわたる多様なサービスが給付され、要支援者については要介護状態の発生予防という観点もあり在宅サービスを軸として給付を受けることができる。

　サービス実施にあたり、居宅サービス計画、介護予防サービス計画（ケアプラン）の立案が必要である。ケアプランをもとに、サービス事業所との連絡調整を経てサービスが実施される。ケアプランの立案については、自ら計画を作成することが出来る（予防給付は、地域包括支援センターやその業務委託を受けた者の作成が原則）が、介護支援専門員（ケアマネジャー）にケアプランの立案、作成を依頼し、事業所との連絡調整も担ってもらえる。

　施設サービスを利用する場合、利用する介護保険施設には介護支援専門員が必置でありその介護支援専門員に依頼することができる。在宅でサービスを利用する場合、契約関係の観点から介護支援専門員を選ぶことは利用者の自由であり、利用者自ら介護支援専門員が所属する居宅介護支援事業所に連絡を取り、契約を締結する必要がある。また、利用者の事情による他の事業所との再契約も自由である。要支援者に関しては、管轄の地域包括支援センターと契約を締結する必要がある。

2) 介護支援専門員（ケアマネジャー）

　介護支援専門員は介護保険制度発足と共に新しく創設された資格であり、また、職業である。介護支援専門員の実務研修受講試験の受講資格となる基礎資格としては、まず保健・医療・福祉に関する法定資格に基づく業務に従事した期間が5年以上の者と定められている。資格は次の通りである。医師、歯科医師、薬剤師、保健師、助産師、看護師、准看護師、理学療法士、作業療法士、社会福祉士、　介護福祉士、視能訓練士、義肢装具士、歯科衛生士、言語聴覚士、あん摩マッサージ指圧師、はり師、　きゅう師、柔道整復師、栄養士（管理栄養士を含む）、精神保健福祉士である。また、施設等において規定されている時間数の実務経験を有した者などにも、介護支援専門員の実務研修受講試験の受験資格がある。

3) 不服申立て（審査請求）

　保険者（市町村）が行った、要介護認定や介護保険料の徴収等、介護保険に関する行政処分に対して不服があるときは、「介護保険法」及び「行政不服審査法」等に基づき、都道府県の介護保険審査会に不服申立てを行うことができる。また、サービス実施における相談や苦情等の窓口が、各事業所、保険者（市町村）、都道府県、国民健康保険団体連合会などに設置が義務付けられており、必要な対処が行われるようになっている。

4）国民健康保険団体連合会（国保連）

　国民健康保険団体連合会は、保険者より委託を受け、介護給付費の審査、支払を行う機関である。そのために、介護給付費審査委員会が置かれている。その他の業務として、苦情処理、第三者行為求償事務、サービス事業所や施設の運営などがある。苦情処理は、利用者等からの苦情申し立てに対して調査を行い、事業者・施設に指導、助言を行う。この場合、中立性・公平性を確保するため、保険者からの委託ではなく国保連の独立した業務となる。

４．サービスの種類

　サービスの種類は、在宅サービス、施設サービス、介護予防サービス、地

この他、居宅介護（介護予防）福祉用具購入、居宅介護（介護予防）住宅改修、介護予防・日常生活支援総合事業がある。

図９−２　介護サービスの種類

〔出典：平成30年度厚生労働省老健局「公的介護保険制度の現状と今後の役割」〕

域密着型サービスなど、25種類51サービスがある（図9−2参照）。

　居宅サービスには、排泄介護や入浴介護、看護、リハビリなどのサービスを自宅で受けるものと、通所や短期入所により自宅以外でサービスを受けるものがある。また、福祉用具貸与、福祉用具購入や住宅改修などの費用が支払われる種類のものがある。また施設系のサービスについては、要介護認定を受けた人のうち、要介護1〜5の者で一定の条件にあてはまる者は、介護保険施設に入所し、日々の介護や看護、リハビリテーション、療養などのサービスを受けることができる。地域密着型サービスは、2006（平成18）年4月1日から新たに始まったサービスであり、小規模多機能型居宅介護や、夜間対応型訪問介護、複合型サービス（看護小規模多機能型居宅介護）、グループホーム（認知症対応型共同生活介護）などがある。

5．サービスの利用限度
1）区分支給限度基準額

　要介護度ごとに利用できる介護報酬額の上限が設定されている。サービスの利用は、区分支給限度額の上限を念頭に置き居宅サービス計画を立てることになる。もちろん必要に応じて、区分支給限度額を超えての利用も可能であるが、限度額を超えた分は全額自己負担となる。

　支給限度額は、在宅サービスに適用されるもので、施設入所者には適用されない。特定施設入居者生活介護・認知症対応型共同生活介護は、1日の単位数が決められておりその日数分での請求になる。また、居宅療養管理指導は、介護支援専門員が管理する限度額に含まないが、サービス計画書に位置付けることとなるため、介護支援専門員が把握しておくことは必要であるといえる。

2）種類支給限度基準額

　保険者（市町村等）が、一部のサービスに集中すると対応できない場合があることから市町村は種類ごとにサービスの限度を設定できるようになって

いる。市町村の判断により、区分支給限度基準額の範囲内で、不足しそうな
サービス（種類）の支給限度基準額を設定することができる。

6．介護サービス情報の公表制度

　介護保険制度は、サービスの利用者自らが介護サービス事業者を選択し、
契約体系によりサービスを利用する制度である。しかし、利用者がサービス
を利用する際に、必要とされるサービスに関する情報が不足しているという
問題がでてきたことから、「介護保険法」に基づき、2006（平成18）年4月か
ら介護保険を担うすべての事業者に対して、介護サービスの内容や運営状況
に関する情報を公表することが義務付けられた。

　利用者は、自分にあったより良い事業者を選択することができるように
なった。情報収集の仕方は、インターネットで公表しており「介護サービス
情報の公表」から検索することができる。これにより、介護サービス事業所
を検索することが、24時間、365日、誰でも気軽に情報を入手することがで
きるようになった。

7．介護保険施設

1）介護老人福祉施設

　1963（昭和38）年「老人福祉法」の制定により創設された施設であり、「老
人福祉法」での名称は「特別養護老人ホーム」である。「介護保険法」で
は、「介護老人福祉施設」という名称であり、契約体系での利用が基本とな
る。しかし現在でも、虐待事例等での措置入所の体系も残っている。「介護
老人福祉施設」の入所要件は、「65歳以上のものであって、身体上又は精神
上著しい障害があるために常時の介護を必要とし、かつ、居宅においてこれ
を受けることが困難なもの」となっている。2015（平成27）年4月より、原
則、新規入所者を要介護3以上の者と限定したが、やむを得ない事情等で、
居宅での生活が困難であると認められる場合は、要介護1・2の者でも入所
することが可能である。

　2005（平成17）年の「介護保険法」改正により、定員30人未満の施設は、
「地域密着型介護老人福祉施設」として位置づけられ、市町村が指定・監督
を行うサービスの１つとなった。従来の４人部屋中心の施設ではなく、個室
を基本とした少人数単位のユニットケアで支援を行う施設である。
　2019（令和元）年９月現在、全国で10,326施設設置されており、利用者は約
61.0万人である。

2）介護老人保健施設

　老人保健施設は、もともと「老人保健法」によって規定された施設であっ
た。「介護保険法」施行に伴い、「介護保険法」に基づく「介護老人保健施
設」となった。入所施設ではあるが、在宅復帰を目指した入所施設である。
要介護者に対して、「施設サービス計画に基づいて、看護、医学的管理の下
における介護及び機能訓練その他必要な医療並びに日常生活上の世話を行う
ことを目的とする施設」とされている。対象者は、要介護状態と認定された
者であり、病状がほぼ安定しており、治療よりも看護や介護、リハビリテー
ションなどを必要とする者であり、医療ケアと生活上の支援が提供される施
設である。
　2016（平成28）年４月現在、全国で4,201施設設置されており、利用者は約
35.9万人である。

3）介護療養型医療施設

　療養病床等を有する病院または診療所であって、当該療養病床等に入院す
る「介護保険法」による要介護認定を受けた者に対し、施設サービス計画に
基づいて、介護療養施設サービスが提供される施設である。
　介護療養型医療施設は、急性期を過ぎて一般病院での治療を終えて、長期
療養が必要な者が入院する医療施設である。たとえば、とりあえずの治療は
終わったものの、気管切開や胃ろうなどで長期の医療ケアを必要とする者が
対象となる。また、医療・看護の必要性の低い者が介護保険給付を受けなが

ら入院している等の指摘があったため、2012（平成24）年３月までに廃止することになっていた。しかし、退所後の介護療養型医療施設に代わる支援や受け皿を確保することが困難であり、現在のところ廃止は2023（令和５）年度末まで猶予されている。

2016（平成28）年４月現在、全国で1,320施設設置されており、病床数は58,686人である。

４）介護医療院

2018（平成30）年４月より創設された施設である。長期的な医療と介護のニーズを併せ持つ高齢者を対象とし、「日常的な医学管理」や「看取りやターミナルケア」等の医療機能と「生活施設」としての機能とを兼ね備えた施設である。介護療養型医療施設等の療養病床等からの移行が見込まれるが、単なる転換先ではなく、「住まいと生活を医療が支える新たなモデル」として期待される。

2019（令和元）年12月時点で、全国に301施設設置されており、18,931療養床となっている。

８．地域包括支援センター

地域包括支援センターは、「地域住民の心身の健康の保持及び生活の安定のために必要な援助を行うことにより、その保健医療の向上及び福祉の増進を包括的に支援することを目的とする施設」（「介護保険法」第115条の46）と規定されている。つまり、高齢者が住み慣れた地域で安心して過ごすことができるように、包括的および継続的な支援を行う「地域包括ケア」を実現するための中心的役割を果たすことが地域包括支援センターに求められている。地域包括支援センターには、包括的支援事業等を適切に実施するため、原則として保健師等、社会福祉士、主任介護支援専門員の３職種をおくこととされている。

また、介護保険制度をはじめとする市町村の介護・福祉行政の一翼を担う

「公益的な機関」として、公正で中立性の高い事業運営を行う必要がある。特定の事業者等に不当に偏ったような活動は厳禁である。地域包括支援センターの運営費用が、国民の介護保険料や国・地方公共団体の公費によってまかなわれていることを十分に認識したうえでの活動が求められる。求められる「公益性」の視点は、市町村直営のみならず、法人委託のケースにおいても同様である。

　地域住民が住み慣れた地域で安心して尊厳あるその人らしい生活を継続することができるように、地域のサービス提供体制を支える中核的な存在である。それだけに各地域の特性や実情を踏まえた柔軟な事業運営を行う必要がある。このため、「地域包括支援センター運営協議会」をはじめ、さまざまな場や機会を通じて、地域のサービス利用者や事業者、関係団体、一般住民等の意見を幅広く汲み上げ、日々の活動に反映させるとともに、地域が抱える課題の解決に積極的に取り組んでいくことが重要な業務の1つである。

9．介護保険制度改正の概要
1）2005（平成17）年改正

　2005（平成17）年改正、2006（平成18）年施行では、介護保険制度の基本理念である、高齢者の「自立支援」、「尊厳の保持」を基本としつつ、制度の持続の可能性を高めていくための取り組みが重要視された。「明るく活力ある超高齢社会」を目指し、新予防給付の創設や地域支援事業の創設、地域密着型サービス、地域包括支援センターの創設、また、在宅と施設の利用者負担の公平性の観点から施設給付の見直しなどが行われた。

2）2008（平成20）年改正

　2008（平成20）年改正、2009（平成21）年施行では、介護サービス事業者の法令遵守等の業務管理体制の整備が行われた。介護サービス事業所による不正請求や人員基準違反などが相次ぐ中、介護サービス事業者の不正事案を防止し、介護事業運営の適正化を図ることが求められるようになった。

具体的には介護サービス事業者に対して新たに業務管理体制の整備を求めることや、行政機関による事業者の本部等に対する立入検査権の創設、不正事業者による処分逃れ対策等の措置が講じられることとなった。

3）2011（平成23）年改正

　2011（平成23）年改正、2012（平成24）年施行では、地域包括ケアシステムの構築を推進することが掲げられた。新たなサービスとして、中重度の要介護者が住み慣れた地域で在宅生活を継続できるよう、日中・夜間を通じた定期巡回・随時対応サービス、複合型サービス（小規模多機能＋訪問看護）の創設、訪問介護と訪問リハビリテーションとの連携の推進や、予防給付において、生活機能向上に資するサービスの重点化、医療と介護の連携・機能分担を目指した。また、介護人材の確保とサービスの質の向上や介護支援専門員の資質向上を図る研修体系も改正が行われた。

4）2014（平成26）年改正

　2014（平成26）年改正、2015（平成27）年施行では、在宅医療と介護の連携を推進、また、介護予防（介護予防訪問介護、介護予防通所介護）を地域支援事業に移行させ多様化を図った。多様な生活支援・介護予防サービスが利用できるような地域づくりを、市町村が支援することについて、制度的な位置づけの強化を図る。また、新しい介護予防・日常生活支援総合事業（総合事業）について、市町村が地域の実情に応じ、住民主体の取り組みを含めた多様な主体による柔軟な取り組みにより、効果的かつ効率的にサービスを提供できるよう、地域支援事業の介護予防・生活支援サービス事業の「訪問型サービス」「通所型サービス」として見直しを行った。

　また、特別養護老人ホームの新規入所者について、原則要介護3以上に限定し、在宅での生活が困難な中重度の要介護者を支える施設としての機能に重点化を図ることとなった。利用者の自己負担については、一定以上の所得のある利用者について、1割から2割へ引上げることとなった。

5）2017（平成29）年改正

　2017（平成29）年改正、2018（平成30）年施行では、高齢者の自立支援と要介護状態の重度化防止や地域包括ケアシステムの深化と推進、サービスを必要とする人に必要なサービスが提供されることなどが掲げられた。市町村による評価の義務づけなど、地域包括支援センターの機能強化を図る。また、都道府県による市町村に対する支援事業も創設し、財政的インセンティブの付与の規定も整備する。医療と介護の連携については、日常的な医学管理、見取りやターミナルなどの機能と生活施設としての機能を兼ね備えた「介護医療院」を創設した。

　市町村による地域住民と行政等との協働による包括的支援体制作り、福祉分野（「社会福祉法」、「介護保険法」、「障害者総合支援法」、「児童福祉法」）の共通事項を記載した地域福祉計画の策定を努力義務とし、地域共生社会の実現に向けた取り組みを推進することとした。また、介護保険サービスの利用者の自己負担については、2割負担者のうち特に所得の高い層の負担割合を3割とした。

第4節　高齢者福祉のサービス体系（年金法）

1．概説
1）はじめに

　高齢者福祉を経済面から支える重要な制度の1つとして公的年金制度がある。公的年金制度とは、国や公法人が実施主体となり社会保障の一環として行われている年金制度の総称である。日本の現行制度は賦課方式を基本としていて、世代間扶養の性質が強い。社会保障としての性質から、財源も保険料収入のみならず租税からの繰り入れが行われる。保険料支払い・年金受け取りに際して税制上の優遇や特別の権利義務が付与されている。

　わが国の公的年金制度は、現在、大別して国民年金・厚生年金の2種類

がある。大まかには国民年金は全国民を、厚生年金は民間被用者を対象とする。国民年金は全国民を対象とするものであり、各種公的年金の基礎となるものであるから「基礎年金」と称する。

　保険給付の対象となるのは、被保険者の老齢・障害・死亡などの場合である。被保険者本人が老齢になったとき支給されるのが老齢基礎年金・老齢厚生年金である。同様に、一定以上の障害を負ったとき支給される年金を障害基礎（厚生）年金、被保険者本人が死亡したとき一定範囲内の遺族が支給される年金を遺族（厚生)年金という（表9－2）。

表9－2　主な保険給付の種類

	国民年金 （基礎年金）	厚生年金保険
老　齢	老齢基礎年金	老齢厚生年金
障　害	障害基礎年金	障害厚生年金 障害手当金
死　別	遺族基礎年金 寡婦年金 死亡一時金	遺族厚生年金

（著者作成）

　わが国の公的年金制度は、1985(昭和60)年改正前は職業別の縦割りの制度であったが、現在は国民年金制度から支給される全国民共通の基礎年金と、収入に応じて段階のある報酬比例の年金を上乗せする被用者年金制度からなる。現行の公的年金制度は建物に例えることができる。これを図示すると次の図9－3のようになる。

　図9－3のように、現在、1階部分が国民年金（基礎年金）、2階部分が厚生年金であり、このほかに3階部分として企業年金がある

　現在の日本の年金制度は、基本は社会保険方式である。被保険者が保険料を納付し、それに租税を原資とする国庫からの拠出金があり、保険給付がなされている。直接的な積立ではなく、集めた年金保険料で保険給付を賄う賦課方式を基本にし、将来の保険料負担を緩和するための一定の積立金を保有

○現役世代は全て国民年金の被保険者となり、高齢期となれば、基礎年金の給付を受ける。（1階部分）

○民間サラリーマンや公務員等は、これに加え、厚生年金保険に加入し、基礎年金の上乗せとして報酬比例分の給付を受ける。（2階部分）

○また、希望する者は、iDeCo（個人型確定拠出年金）等の私的年金に任意で加入し、さらに上乗せの給付を受けることができる。（3階部分）

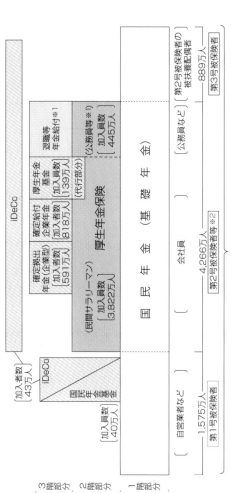

（数値は平成29年3月末時点）※斜線部は任意加入

図9－3　公的年金制度の仕組み

※1　被用者年金制度の一元化に伴い、平成27年10月1日から公務員および私学教職員も厚生年金に加入。また、共済年金の職域加算部分は廃止され、新たに退職等年金給付が創設。ただし、平成27年9月30日までの共済年金に加入していた期間分についても、平成27年10月以降においても、加入期間に応じた職域加算分を支給。

※2　第2号被保険者等とは、厚生年金被保険者のことをいう（第2号被保険者のほか、65歳以上で老齢、または、退職を支給事由とする年金給付の受給権を有する者を含む）。

[出典：『平成30年版厚生労働白書』236頁，https://www.mhlw.go.jp/toukei_hakusho/hakusho/]

している。共済年金は2015（平成27）年10月に厚生年金保険に統合された。本節では主として国民年金・厚生年金保険についてみていく。

2）公的年金制度の歴史

公的年金制度の歴史は、概ね表9-3のようになる。

第二次世界大戦中には船員保険が1939（昭和14）年（適用は1940（昭和15）年）につくられ、また民間労働者を対象とする労働者年金保険（のちに厚生年金保険）が1941（昭和16）年に発足した。

1947（昭和22）年には厚生年金から労災部分が分離された。さらに、一般国民にも年金制度を適用するため、1961（昭和36）年4月からは国民年金が発足し、「国民皆年金」体制が確立した。「国民年金法」の成立とあわせ、各年金制度の期間を通算すれば各年金の期間に応じた年金受給が可能となる「通算年金通則法」も1961（昭和36）年4月から適用された。1973（昭和48）年には物価スライド制の導入が行われている。

その後、1985（昭和60）年には基礎年金制度導入により国民年金を全国民共通の年金制度とする等の大改革が行われた。1985（昭和60）年改正では被用者年金加入者の配偶者が、国民年金に任意加入であったのを改め、第3号被保険者として強制加入させることになった。同時に船員保険の業務外年金部門

表9-3　公的年金に関する年表

年	内容
1939（昭和14）	船員保険制度
1941（昭和16）	「労働者年金保険法」制定
1944（昭和19）	「労働者年金保険法」を「厚生年金保険法」に改称
1947（昭和22）	厚生年金から労災部分分離
1961（昭和36）	国民年金発足、通算年金制度
1973（昭和48）	物価スライド制度発足
1985（昭和60）	基礎年金制度発足、女性年金権確立
1989（平成元）	学生の国民年金強制加入
2004（平成16）	マクロ経済スライド導入
2015（平成27）	共済年金が厚生年金に統合
2017（平成29）	年金受給資格期間が25年から10年に短縮

（著者作成）

は厚生年金保険に統合された。

　近年、少子高齢化の進展や長期不況の影響もあり、保険料の実質的な増額・支給年齢の引き上げ・年金額の抑制等の改正が続いている。物価スライドについては、2004（平成16）年改正でマクロ経済スライドが導入された。

3）年金に関する行政機関

　国民年金・厚生年金の事業を運営する保険者は国であり、所管官庁は厚生労働省である。また、現業機関として日本年金機構があり、出先としては事務センター・年金事務所がある。

　不服申立については、通常の行政不服審査制度とは異なる特別な組織が置かれ、「社会保険審査官及び社会保険審査会法」に規定されている。厚生年金保険・国民年金などについての不服申立ては、はじめの段階として各地方厚生局ごとに社会保険審査官が置かれ、その次の段階として厚生労働省に社会保険審査会がおかれている。

2．国民年金
1）被保険者・適用関係・期間

　被保険者は日本国内に住所を有する20歳以上60歳未満（原則）の者で3種類に大別される。

　まず強制加入被保険者は下記の通りである。

　このうち強制加入被保険者としての第1号被保険者は日本国内に住所があることが必要である。第2号・第3号被保険者にはこの要件はない。

　次に任意加入被保険者として次の者が挙げられる。これらは任意加入であるが、上記の種類で区分すると、第1号被保険者として加入することになる。

　①受給資格期間が足りないのでこれを満たしたいなどの理由で、本人が希望すれば65歳になるまで任意加入できる。

　②60歳未満でも任意加入できる人に被用者年金各法による老齢年金・退職

表9－4　強制加入被保険者

第1号被保険者	厚生年金保険に加入していない人
第2号被保険者	厚生年金保険に加入している本人
第3号被保険者	厚生年金保険に加入している本人の被扶養配偶者

（著者作成）

　年金の受給者、外国にいる日本国籍の人がいる。

　③特例任意加入として、65歳のとき、加入年数が不足で年金受給資格に欠ける人は、70歳になるまでの間ならば任意加入できる。

　老齢基礎年金を受給するためには、受給資格期間が原則10年間なければならない。2017（平成29）年にこれまでの25年間から短縮された。受給資格期間は、保険料納付済期間だけではなく、保険料免除期間と合算対象期間を含む。合算対象期間とは、受給資格の有無を計算する上での期間にはなるが、支給の際には金額に反映されない期間である。合算対象期間のことを「カラ期間」という。主として任意加入の期間（1986（昭和61）年3月までのサラリーマンの配偶者、2001（平成13）年3月までの学生、1981（昭和56）年12月まで在日外国人、そして現在も含め海外在住期間）や年金制度から脱退した期間（例えば、厚生年金保険の「脱退手当金」などを受給した期間）が該当する。

2）保険料等の費用負担と免除制度

　保険料は2020（令和2）年度で1万6,540円、付加保険料は400円である。老齢基礎年金を受給するためには、原則として10年の納付期間等を要する。これまでは25年間であったが、10年間に短縮された。基礎年金の保険料は、第1号被保険者は個別に保険料を負担するが、第2号・第3号被保険者の負担分は各被用者年金制度が被保険者数に応じて基礎年金拠出金として一括して負担する。基礎年金国庫負担割合は、段階的に3分の1から2分の1に引き上げられた。

　国民年金保険料は定額であるので低所得者は支払いが困難である。そこで所得が低い場合には免除制度がある。保険料の免除制度は、全額免除のほ

か、2000（平成12）年改正で半額免除が設けられ、また2006（平成18）年７月から４分の３免除と４分の１免除が加わった。2009（平成21）年度から基礎年金の国庫負担が２分の１となった後の期間については、例えば全額免除であれば、全額納付の２分の１が支給される（それ以前の期間は３分の１）。

　免除や猶予は10年以内であれば追納することができるが、２年以上前の分には本来の保険料に割り増しがつく。免除には法令上当然に免除となる法定免除と申請に基づく申請免除がある。法定免除になる例としては生活保護で生活扶助を受けている場合がある。

　20歳以上の学生は国民年金について任意加入であったが、1989（平成元）年の改正で強制加入となった。この任意加入制度については、例えば、もし任意加入していない期間中に障害を負ったときに障害基礎年金を受給できないという問題があった。当初は親の収入及び通学先の国公立・私立の別による基準の下で免除制度が設けられていた。現在は、通常の免除制度とは別枠で「学生納付特例制度」が設けられ、本人所得が一定額以下の場合、申請により保険料納付が猶予される。この期間中の事故も障害・遺族基礎年金は全額支給であるが、老齢基礎年金は保険料を追納しない限り「カラ期間」として扱われる。後納は10年分に限って可能である。同様に、若年者についても2015（平成27）年６月までの時限措置として、30歳未満の第１号被保険者については、親と同居していても本人・配偶者の所得が一定以下であれば納付が免除されることとなった（若年者納付猶予制度）。2014（平成26）年度から、申請時点から２年１か月前の期間について遡って申請できることとなった。なお、若年者納付猶予制度は、2015（平成27）年７月から2025（令和７）年６月までの時限措置として50歳未満への拡大することなどのいわゆる「年金事業改善法」が2014（平成26）年６月に成立している。国民年金制度は一般的に所得の多寡にかかわらず一定の保険料負担を求めるものであり、制度自体も相当複雑化しているため、未加入・未納等の問題が生ずる。

　一方で受給額を増やしたい場合に対応するのが付加保険料であり、月額400円である。なお、付加保険料支払と国民年金基金加入は選択制である。

3）老齢給付…老齢基礎年金その他

　老齢基礎年金は原則65歳から支給される。2020（令和２）年度は満額で78万1,700円である。付加保険料を納付した期間はこれに上乗せされる。

　基礎年金の受給は原則として65歳からであるが、自身の健康状態や収入により、自己の選択により早く受給したり逆に受給を遅らせることもできる。その場合、原則である65歳から受給した人と公平になるように、支給割合が増減される。

4）障害給付…障害基礎年金その他

　障害基礎年金は１級と２級に分かれる。初診日前に保険料納付済期間と免除期間が被保険者期間の３分の２以上あることが原則である。ただし現在のところ、初診日前１年間に保険料滞納期間がない場合も支給されるという特例措置が繰り返し延長されている。初診日から１年６か月経過した日または治癒（固定）した日が障害認定日となる。障害は負ったときよりも後で重くなることもある。このため、障害が重度化したとき65歳までは事後重症の制度もある。重くなった等級で年金が支給されるのである。20歳未満のとき障害を有することになった場合にも支給されるが、このときは所得制限がある。１級は２級の25％増し（2020（令和２）年度で97万7,125円）、２級は老齢基礎年金の満額と同額である。

　2006（平成18）年４月から、障害基礎年金受給者は、65歳以降、老齢厚生年金または遺族厚生年金を併給することができることとなった。

5）遺族給付…遺族基礎年金・死亡一時金・寡婦年金その他

　被保険者の死亡に対応するのが遺族基礎年金の制度である。保険料納付済期間と免除期間が被保険者期間の３分の２以上あることが原則である。現在のところ障害基礎年金の場合と同じく、死亡前１年間に保険料滞納期間がない場合も支給されるという特例措置が繰り返し延長されている。

　遺族の範囲は、①死亡した者の配偶者であって、子と生計を同一にしてい

る者、②死亡した者の子、である。ここでいう子とは18歳に達した年度末までの子又は20歳未満で１級又は２級の障害の状態にある子である。

　死亡一時金は、第１号被保険者として保険料を３年以上納付した者が老齢・障害基礎年金を受給せずに死亡したとき遺族に支給される。

　寡婦年金は、第１号被保険者として老齢基礎年金の受給資格期間を満たしている夫が死亡した場合に、10年以上婚姻関係が継続しており、それまで夫により生計維持されていた妻に、60歳から65歳になるまでの間支給される。夫が受給するはずであった第１号被保険者にかかる老齢基礎年金の４分の３に相当する額である。死亡一時金と寡婦年金は選択制である。

6）特別障害給付金

　「特定障害者に対する特別障害給付金の支給に関する法律」に基づき、特別障害給付金制度が2005（平成17）年度から実施されている。これは、任意加入であった者のうち、1991（平成３）年３月までの学生・1986（昭和61）年３月までの被用者配偶者で任意加入しなかったときに障害基礎年金１・２級に該当する障害を負った者に対して支給される。

7）基礎年金番号

　年金事務の効率化を図る目的で、1997（平成９）年より公的年金に加入している全ての人を対象に10桁の基礎年金番号が導入されている。共通の番号を付することにより、事務の簡素化のみならず、加入漏れの解消を図ることもでき、将来の年金受給見込みの算出・通知にも役立つと考えられる。なお、2015（平成27）年10月からは社会保障・税番号制度（マイナンバー制度）が導入された。

3．厚生年金保険
1）被保険者・適用関係・保険料

　被保険者は、適用事業所において雇用関係にある者及び任意加入の第４種

被保険者・任意単独被保険者・高齢任意加入被保険者がある。2002(平成14)年４月からは公的年金の受給資格の足りない者は70歳以上でも、これを満たすまで任意加入することができるようになり、これを高齢任意加入被保険者という。

　強制適用事業所は、①常時５人以上の従業員を使用する個人営業の適用事業所、②国・地方公共団体・法人の事業所、③５トン以上の船舶・30トン以上の漁船である。強制適用事業所ではないものも任意適用事業所となることもできる。

　保険料は、被保険者の標準報酬月額と標準賞与額に保険料を乗じた額を、事業主と被保険者が折半する。ただし３歳未満の子のある者の育児給業期間中の保険料については、被保険者負担分及び事業主負担分が健康保険料とともに免除される。

　標準報酬月額は、諸手当を含む月収に相当するもので32等級に区分されている。等級に区分されていることによって、年金額の計算および保険料徴収の事務簡素化に資する効果がある。2003(平成15)年４月からは総報酬制が導入され、賞与に対しても保険料を課せられている。

２）老齢給付…老齢厚生年金その他

　現在、老齢厚生年金の支給開始年齢は段階的に60歳から65歳に引き上げられている。2001(平成13)年度に始まり2025(令和７)年度に完了する予定である。60歳から65歳までの間で支給される年金の名称を「特別支給の老齢厚生年金」という。特別支給の老齢厚生年金の年金額は、定額部分、報酬比例部分、加給年金額からなり、支給開始年齢の引き上げが完了するまでの間、経過的に支給される。65歳支給の老齢厚生年金の年金額は、報酬比例の年金額に経過的加算額や生計維持関係のある配偶者及び子についての加給年金額を加算した額である。経過的加算額とは、65歳前の老齢厚生年金の定額部分に相当する額から厚生年金の被保険者期間に係る老齢基礎年金の額を控除した額であり、65歳からはこれも含めて支給される。

　厚生年金の被保険者として在職中であっても一定以下の収入の場合には年金が支給される。これを在職老齢年金制度という。2007（平成19）年4月からは70歳以降についても在職老齢年金の制度が適用され、高額所得者については年金額が減額されるが、保険料負担はない。

　厚生年金の被保険者期間が原則20年以上ある者が受給権を取得したとき、その者によって生計を維持していた配偶者、子は18歳に達した年度末までの子又は20歳未満で1級又は2級の障害の状態にある子がいると加給年金が支給される。配偶者が65歳になれば加給年金は支給停止され、配偶者自身の老齢基礎年金に振替加算がつく。

　離婚時の年金分割が2007（平成19）年4月から始まった。当事者の合意または裁判所の決定があれば、婚姻していた期間について厚生年金の分割ができる。分割割合の限度は、婚姻期間中の夫婦の保険料納付記録の合計の半分である。また、2008（平成20）年4月からは第3号被保険者期間の厚生年金の分割が始まった。離婚などの際に、制度施行後の第3号被保険者期間の厚生年金を2分の1に分割できる。

3）障害厚生年金・障害手当金

　障害厚生年金は、厚生年金保険の被保険者期間中に初診日のある傷病が原因で、障害基礎年金に該当する障害（1・2級）が生じたときに、障害基礎年金に上乗せして支給される。障害基礎年金に該当しない程度の障害であっても、厚生年金保険の障害等級に該当するときは、3級の障害厚生年金又は一時金として障害手当金が支給される。1級は2級の25％増しで、3級の障害厚生年金には配偶者の加給年金額はつかない。3級の障害厚生年金と障害手当金には最低保障額がある。

　なお「労働者災害補償保険法」による給付とは調整がある。

4）遺族給付…遺族厚生年金

　遺族の範囲は、①遺族基礎年金の支給対象になる遺族、②子のない妻、③

55歳以上の夫、父母、祖父母（60歳から支給）、④孫である。子及び孫は18歳に達した年度末までの子又は20歳未満で1級又は2級の障害の状態にある子である。遺族厚生年金を受ける遺族は順位がある。2007（平成19）年4月からは、受給権が発生したとき30歳未満で子のない妻の遺族厚生年金は、支給5年間の有期給付となった。

　遺族厚生年金の年金額は報酬比例の年金額の4分の3が基本であり、妻が受給権者の場合は、これに中高年寡婦加算または経過的寡婦加算を加えた額である。

　夫の死亡時に40歳以上で子のない妻に40歳から65歳になるまでの間、中高年寡婦加算が支給される。中高年寡婦加算は、満額の老齢基礎年金の4分の3にあたる額である。中高年寡婦加算は、65歳になるとなくなるが、激変緩和の意味もあり1956（昭和31）年4月1日以前に生まれた妻には65歳以後、生年月日別に経過的寡婦加算が支給される。この世代は妻自身の国民年金加入期間が短いことも考慮されている。遺族厚生年金と老齢基礎年金は65歳以降は併給されるが、遺族厚生年金と老齢厚生年金はいずれかの選択か、または65歳以降に限り一部併給できる。一部併給する場合は、遺族厚生年金の3分の2と老齢厚生年金の2分の1の合計額である。2007（平成19）年4月から、65歳以後の遺族配偶者については、老齢厚生年金を全額支給し、従来の水準との差額を遺族厚生年金として支給する仕組みとなった。

4．制度改正と今後の動向

　公的年金制度は、年金財政の状況や国民経済、あるいは人口構造などの変化を背景として見直しが続けられている。2004（平成16）年の改正では、最終保険料固定・給付水準自動調整（マクロ経済スライド）方式が採用された。保険料水準は国民年金・厚生年金保険とも2017（平成29）年以降固定される。公的年金制度には膨大な積立金があるが、これを取り崩し財政均衡に用いる。被保険者数と平均寿命に応じ、給付を自動調節するマクロ経済スライドが導入される。これは年0.9％と見込まれている。2004（平成16）年改正によ

り100年安心の制度体系になったともいわれるが、今後の少子高齢化の進展状況によっては、公的年金制度全般についてさらなる改革が必要となると考えられる。2012（平成24）年の「公的年金制度の財政基盤及び最低保障機能の強化等のための国民年金法等の一部を改正する法律」により、2016（平成28）年10月から短時間労働者へ厚生年金保険の適用が拡大された。常時500人を超える事業所で①1週間の所定労働時間が20時間以上、②月額給与88,000円以上、③継続して1年以上雇用見込などの条件を満たす者が適用される。

　また、2017（平成29）年4月から、被保険者数が500人以下の事業所で、①労働合意に基づき申出をする法人・個人の事業所、②地方公共団体に属する事業所にも適用が拡大された。

　2020（令和2）年、「年金制度の機能強化のための国民年金法等の一部を改正する法律」が成立した。政府の趣旨説明をもとにまとめると概略は次のような内容である。①被用者保険の適用範囲を拡大するため、短時間労働者を被用者保険の適用対象とすべき事業所の企業規模要件について段階的に引き下げる。また、5人以上の個人事業所に係る適用業種に、弁護士、税理士等の資格を有する者が行う法律又は会計に係る業務を行う事業を追加する。②高齢期の就労継続を早期に年金額に反映するため、在職中の老齢厚生年金受給者の年金額を毎年定時に改定する。また、特別支給の老齢厚生年金を対象とした在職老齢年金制度について、支給停止が開始される賃金と年金の合計額の基準を引き上げ、支給停止とならない範囲を拡大する。③60歳から70歳までとされている年金の受給開始時期の選択肢を60歳から75歳までに拡大する。④確定拠出年金の加入可能年齢を引き上げるとともに、受給開始時期の選択肢を拡大する。また、確定拠出年金における中小企業向け制度の対象範囲の拡大、企業型確定拠出年金加入者の個人型確定拠出年金加入の要件緩和など、制度面及び手続面の改善を行う。

第10章　障害者福祉

はじめに

　「障害」と「障害者」という言葉について説明しよう。「○○が障害になる」とか、「障害物を取り除く」と言えば、文字どおり「差し障りがある」という意味であり、その障害という言葉は否定的に使われる。しかしその言葉に「者」を付けた「障害者」という言葉は、「障害を抱えている人」という意味である。その障害に対する特別な支援がなければ、障害者は日常生活に「差し障りがある」ということである。

　障害とは、身体や精神の損傷や日常活動の制限や社会参加の制約であったりする。その障害を個人の努力と、周囲（家族・地域の人達・専門家）の支援、そして行政府の手厚い施策で軽減、克服しようという内容が障害者福祉である。

　ご自身に身体障害があり『五体不満足』を書かれた乙武洋匡（おとたけひろただ）さんは、「障害は不便であっても、不幸ではない」と語られた。行政府のきめ細かい取り組みと、国民の正しい理解があれば、「不便をもたらす障害も、不幸にはつながらない」ということである。次頁に呉秀三（くれしゅうぞう）の言葉があるが、問題は障害者ではなく、社会である。

　また、知的障害者福祉に大きな足跡を残した糸賀一雄（いとがかずお）は、「この子らを世の光に」と主張した。重度の知的障害と身体障害を併せもつ子ども達の懸命に生きる姿の中に、私達が学ぶべきものがたくさんあるという内容である。社会生活をおくる中で目に見える形のあるもの（生産や利益等）を無視できないにしても、眼に見えない形のないもの（精神性）の大切さを、重度の障害者の生き方を通して見つめ直そうという内容である。

明治時代に我が国の精神障害の学問と実践、両方の分野の開拓者であった呉秀三は、「この国に生まれた２つの不幸」と嘆いている。不幸の１つは精神障害を発症したこと、もう１つは精神障害に対して無策な我が国のあり方である。現代に生きている私達は、この呉の忠告をどれくらい克服できたと言えるだろうか。

国際連合は、「一部の構成員（障害者）を締め出す社会は貧しい社会である」と提言した。第二次世界大戦を招いたヒトラーのナチスの蛮行を思い出すまでもなく、障害者など社会的に不利な立場にある人達の排除・隔離・収容を認める社会の行き着く先は、決して幸福にはつながらない。薄幸の詩人・金子みすゞは、詩『私と小鳥と鈴と』の中で「みんなちがってみんないい」と述べ、「生きているすべての人達の存在価値に差はない」と優しくつづった。

第１節　身体障害児者の現状

身体障害者とは「身体障害者福祉法」別表（表10－1）に掲げる身体上の障害がある18歳以上の者であって、都道府県知事等から身体障害者手帳の交付を受けた者である（「身体障害者福祉法」第４条）。

厚生労働省の調査によれば、身体障害児・者の総数・在宅者数・施設入所者数は表10－2のとおりである。在宅者の数は2016（平成28）年、施設入所者数は2018（平成30）年の調査による。

人口千人あたりでは34人になる。ちなみに知的障害者は９人、精神障害者は31人である。在宅者の割合は98％で、知的障害者の89％や精神障害者の92％に比べて最も高い。三障害の中で、最も在宅生活が可能な障害といえる。一方で65歳以上が73％と高く、他の年齢層が減少または横ばいなのに比べて、高齢化が急速に進んでいる。わが国全体の高齢化率は、2018（平成30）年現在で約28％だからその2.6倍以上に達する。身体障害者に占める65歳以上

の割合は1970（昭和45）年には31％に過ぎなかったことを考えると、その増加ぶりがうかがえる。在宅サービスの整備が急がれる由縁である。障害種別にみると、視覚障害が約5％、聴覚言語障害が約16％、肢体不自由が約46％、内部障害が約19％、重複障害が約14％となっている。

　ニーズとしては、「手当などの経済的援助の拡充」（44％）、「医療費の

表10-1　「身体障害者福祉法」別表

一　次に掲げる視覚障害で、永続するもの
1　両眼の視力（万国式試視力表によって測ったものをいい、屈折異常がある者については、矯正視力について測ったものをいう。以下同じ。）がそれぞれ0.1以下のもの
2　一眼の視力が0.02以下、他眼の視力が0.6以下のもの
3　両眼の視野がそれぞれ10度以内のもの
4　両眼による視野の2分の1以上が欠けているもの
二　次に掲げる聴覚又は平衡機能の障害で、永続するもの
1　両耳の聴力レベルがそれぞれ70デシベル以上のもの
2　一耳の聴力レベルが90デシベル以上、他耳の聴力レベルが50デシベル以上のもの
3　両耳による普通話声の最良の語音明瞭度が50パーセント以下のもの
4　平衡機能の著しい障害
三　次に掲げる音声機能、言語機能又はそしゃく機能の障害
1　音声機能、言語機能又はそしゃく機能の喪失
2　音声機能、言語機能又はそしゃく機能の著しい障害で、永続するもの
四　次に掲げる肢体不自由
1　1上肢、1下肢又は体幹の機能の著しい障害で、永続するもの
2　1上肢のおや指を指骨間関節以上で欠くもの又はひとさし指を含めて1上肢の2指以上をそれぞれ第1指骨間関節以上で欠くもの
3　1下肢をリスフラン関節以上で欠くもの
4　両下肢のすべての指を欠くもの
5　1上肢のおや指の機能の著しい障害又はひとさし指を含めて1上肢の3指以上の機能の著しい障害で、永続するもの
6　1から5までに掲げるもののほか、その程度が1から5までに掲げる障害の程度以上であると認められる障害
五　心臓、じん臓又は呼吸器の機能の障害その他政令で定める障害で、永続し、かつ、日常生活が著しい制限を受ける程度であると認められるもの

　五の「政令で定める障害」とは、身体障害者福祉法施行令第36条によれば、「①ぼうこう又は直腸の機能、②小腸の機能、③ヒト免疫不全ウイルスによる免疫の機能、④肝臓の機能」の障害である。なお、肝臓の機能の障害は、2010（平成22）年4月に新たに加えられた。

負担軽減」（42%）、「ショートステイ、ホームヘルプサービスなど在宅福
祉サービスの充実」（20%）があげられる。身体障害児・者に共通して、住
宅の整備や在宅福祉サービスの充実は無論であるが、それ以上に経済的な保
障（医療費の負担軽減も含む）の要求が切実である。

　2018（平成30）年度の厚生労働省の「障害者雇用実態調査」によれば、雇用
障害者総数約82万１千人のうち、身体障害者は約42万３千人（51.5%）、知
的障害者が約18万９千人（23.0%）、精神障害者が約20万人（24.4%）、発達
障害者が約３万９千人（4.7%）となっている。今回の調査は前回の2013（平
成25）年度のものとは実施方法が異なっているため、調査結果をそのまま比
較することはできないが、精神障害者の雇用者数が大幅に増加していること
が特徴である。

表10－2　身体障害児（者）の総数・在宅者数・施設入所者数

	総数（万人）	在宅者数（万人）	施設入所者数（万人）
18 歳未満	7.2	6.8	0.4
18 歳以上	419.5	412.5	7.0
年齢不詳	9.3	9.3	－
合　計	436.0	428.7	7.3

※在宅者：厚生労働省「生活のしづらさなどに関する調査」」（平成 28 年）施設入所者：
　厚生労働省「社会福祉施設等調査」（平成 30 年）等より厚生労働省社会・援護局障害保
　健福祉部で作成
〔出典：内閣府（2020）令和２年版 障害者白書、p241 https://www8.cao.go.jp/shougai/
whitepaper/r02hakusho/zenbun/pdf/ref2.pdf（2021.2.15 アクセス）を元にして作成〕

表10－3　障害種別の特別支援学校在籍幼児童生徒数－国・公・私立計－

	幼稚部（人）	小学部（人）	中学部（人）	高等部（人）
視覚障害	199	1,550	1,228	2,340
聴覚障害	1,141	2,935	1,853	2,340
知的障害	247	37,207	27,662	63,796
肢体不自由	102	13,578	8,381	9,752
病弱	38	7,306	5,158	6,933
合計	1,727	62,576	44,282	85,161

(2017(平成 29)年 5 月 1 日現在)

〔出典：文部科学省（2018）特別支援教育資料（平成 29 年度）第 1 部 集計編、p2
https://www.mext.go.jp/component/a_menu/education/micro_detail/__icsFiles/afieldfi
le/2019/10/28/1406445_000.pdf（2021.2.15 アクセス）を元にして作成〕

文部科学省の学校基本調査によれば、特別支援学校・特別支援学級・通級指導による障害児の在籍者数は表10－3～表10－5の通りである。特別支援学校において、幼稚部では聴覚障害が約67％と多数を占めるが、それ以外の小学部・中学部・高等部は知的障害が約60～75％前後を占めている。特別支援学級では、知的障害と自閉症・情緒障害を合わせれば小学校も中学校も約95％に達する。通級による指導では、小学校では言語障害が約3割強を占

表10－4　障害種別の特別支援学級在籍児童生徒数－国・公・私立計－

	小学校（人）	中学校（人）
知的障害	77,743	35,289
肢体不自由	3,418	1,090
病弱・身体虚弱	2,480	1,021
弱視	413	134
難聴	1,242	470
言語障害	1,570	165
自閉症・情緒障害	80,403	30,049
総　計	167,269	68,218

(2017(平成29)年5月1日現在)

〔出典：文部科学省（2018）特別支援教育資料（平成29年度）第1部 集計編、p14
https://www.mext.go.jp/component/a_menu/education/micro_detail/__icsFiles/afieldfile/2019/10/28/1406445_000.pdf（2021.2.15 アクセス）を元にして作成〕

表10－5　障害種別の通級による指導を受けている児童生徒数－国・公・私立計－

	小学校（人）	中学校（人）	高等学校（人）
言語障害	39,106	556	29
自閉症	21,237	4,051	347
情緒障害	15,960	3,091	104
弱視	191	27	4
難聴	1,775	423	9
学習障害	17,632	4,631	126
注意欠陥多動性障害	20,626	3,933	150
肢体不自由	82	38	4
病弱・身体虚弱	24	15	14
計	116,633	16,765	787

(2019(令和元)年5月1日現在)

〔出典：文部科学省（2019）令和元年度 通級による指導実施状況調査結果について、p1
https://www.mext.go.jp/content/20200317-mxt_tokubetu01-000005538-02.pdf（2021.2.15 アクセス）を元にして作成〕

め、中学校では自閉症・情緒障害・学習障害・注意欠陥多動性障害がそれぞれ約18%〜28%と多数である。

第2節　身体障害児者福祉のサービス体系

　身体障害児者福祉のサービスは「身体障害者福祉法」のほか、「障害者総合支援法」・「児童福祉法」によっても規定されている。「身体障害者福祉法」は戦後すぐの1949（昭和24）年に制定され、翌年の1950（昭和25）年に施行された。第二次世界大戦終結後の日本社会は混乱し、日常生活を営むことすら困難な時代であった。その中で身体障害者の生活も困窮を極め、職業的な自立を求める声が大きかった。この法律の制定のために、視覚障害・聴覚障害・言語障害を有するアメリカ人、ヘレン＝ケラー（Keller, H）[1] が尽力したことを忘れてはならない。

　「身体障害者福祉法」は、従来の法制度のように傷痍軍人だけを対象とするのではなく全国民に拡大し、「職業的な更生」を法律の主な目的にしている。更生法とはリハビリテーション法の訳語であるが、病気や事故による障害が原因で生活困難に陥った人々を、訓練により社会復帰させることを指す。したがって、社会復帰が困難な重度の障害者は施策の対象とされなかった。その後、時代の要請に応じて改正が重ねられ、法の目的も「保護・更生」から「自立と社会経済活動への参加を促進する」観点へと移行した。身体障害者の自立と社会参加とは、「身辺的自立や経済的な自立」だけでなく、「個人の権利と尊厳が尊重され、社会の一員として生きること」を意味している。第2条第2項では、「すべて身体障害者は社会を構成する一員として、社会、経済、文化その他あらゆる分野の活動に参加する機会を与えられるものとする」とある。これは1981（昭和56）年の国際障害者年に国際連合が提唱したテーマ「完全参加と平等」に合致する。

　具体的な障害としては、「視覚障害」、「聴覚・平衡機能障害」、「音

声・言語・そしゃく機能障害」、「肢体不自由」、「内臓障害（心臓・じん臓・呼吸器・ぼうこう・直腸・小腸および肝臓機能障害を除く内臓障害は先天性のものに限る）」、「ヒト免疫不全ウイルスによる免疫機能障害」が対象である。なお、18歳未満の者は「児童福祉法」の対象である。

　交通機関の運賃割引や税の優遇措置など「障害者総合支援法」以外の法律等を根拠とする制度において身体障害者手帳が活用されている。申請の手続きは、都道府県知事（指定都市市長または中核市市長を含む）が指定した医師の診断書（意見書を含む）を添えて、居住地の福祉事務所（設置していない町村の場合は町村長）を経由して、知事等に交付申請する。知事等は別表に該当しないと認める場合には、都道府県等に設置されている地方社会福祉審議会に諮問しなければならない。それでもなお疑いがある場合には、厚生労働大臣に認定を求める。厚生労働大臣は、「疾病・障害認定審査会」に諮問する。身体障害者障害程度等級表には、障害の最も重い1級から7級までの区分がある。7級は肢体不自由のみであり、7級に該当する障害が2つ以上重複する場合には、6級として認定される。手帳の取得のための判定は、身体障害者更生相談所で行われる。

　身体障害者更生相談所は、身体障害者の更生援護の利便や市町村の援護の支援のために、都道府県は必ず設置しなければならない。身体障害者更生相談所に置かれている身体障害者福祉司の職務として、障害者支援施設への入所などの措置、「障害者総合支援法」における介護給付費などの支給要否の決定、市町村の自立支援医療費支給の認定、市町村の補装具費支給の認定などに際して意見を述べることなどがある。

　身体障害者社会参加施設として、身体障害者福祉センター・補装具制作施設・盲導犬訓練施設・視聴覚障害者情報提供施設がある。身体障害者福祉センターは無料または低額な料金で各種の相談に応じ、機能訓練、教養の向上、社会との交流の促進およびレクリエーションのための便宜を総合的に供与する。補装具制作施設は、無料または低額な料金で補装具[2]の制作または修理を行う。盲導犬訓練施設は、無料または低額な料金で盲導犬の訓練を

行うとともに、視覚障害のある身体障害者に対して、盲導犬の利用に必要な訓練を行う。視聴覚障害者情報提供施設は、無料または低額な料金で点字刊行物・視覚障害者用の録音物・聴覚障害者用の録画物などの各種情報を記録したものなどの制作および貸出を行う。また、点訳・手話通訳者の養成や訓練などを行う。

第 3 節　知的障害児者の現状

　知的障害者については法令上の定義はないが、「精神保健及び精神障害者福祉に関する法律」（「精神保健福祉法」）第 5 条の精神障害者の定義では「統合失調症、精神作用物質による急性中毒又はその依存症、知的障害、精神病質その他の精神疾患を有する者」をいうとされ、精神障害者の中に知的障害者が含まれている。「精神保健福祉法」の福祉面の適用については知的障害者を除くと解釈されていて、知的障害者福祉は「知的障害者福祉法」によって行われる。

　2016（平成28）年2018（平成30）年の厚生労働省の調査によれば、知的障害児（者）の総数・在宅者数・施設入所者数は表10 - 6 のとおりである。

　人口千人あたりの人数は 9 人で、三障害の中で最小の数字である。在宅者数の割合は、89％と三障害の中で最も低い。施設で生活せざるを得ないわが

表10 - 6　知的障害児（者）の総数・在宅者数・施設入所者数

	総数（万人）	在宅者数（万人）	施設入所者数（万人）
18 歳未満	22.5	21.4	1.1
18 歳以上	85.1	72.9	12.2
年齢不詳	1.8	1.8	－
合　計	109.4	96.2	13.2

※在宅者：厚生労働省「生活のしづらさなどに関する調査」（平成 28 年）施設入所者：厚生労働省「社会福祉施設等調査」（平成 30 年）等より厚生労働省社会・援護局障害保健福祉部で作成
〔出典：内閣府（2020）令和 2 年版 障害者白書、p241 https://www8.cao.go.jp/shougai/whitepaper/r02hakusho/zenbun/pdf/ref2.pdf（2021.2.15 アクセス）を元にして作成〕

国の家族や地域の状況がうかがわれる。最近になってノーマライゼーション思想の普及もあり脱施設の動きも活発になってきたが、これまでは本人の意思とは無関係に施設入所が選ばれてきた。養護学校（現特別支援学校）の義務化が1979（昭和54）年になってやっと実現した歴史や、通所施設の未整備という事情も相まって、他の先進国と比較すると施設入所者の比率が高い。「障害者総合支援法」に基づく第3期障害福祉計画では、施設入所者については、2005（平成17）年10月時点の施設入所者数から2014（平成26）年度末までに1割以上削減施設を目標に掲げた。しかし強力で具体的な取り組みがなければ、実現は困難である。

　年齢構成を見てみると、18歳未満の割合が22.2%で身体障害に比べて高い一方で、65歳以上の割合は15.5%と低い。しかしここでも高齢化は進んでいて、2000（平成12）年の2.8%が、2016（平成28）年には15.5%へと上昇している。もっとも、全人口の高齢化率が約28.1%（2018（平成30）年）であるから、その約半数という水準は知的障害者が健康面での問題を抱えているという事情を示している。

　2005（平成17）年に実施された調査報告書によれば、障害の程度別でみると、最重度が約19%、重度が約24%、中度が約22%、軽度が約28%、不詳が7%となっている。療育手帳の判定等で障害の程度を決めざるを得ないが、知能指数だけで判定することは正確とはいえない。

　親・兄弟姉妹と同居しているが約42%、親と同居しているが約34%を占めている。精神障害者の場合と同様、「親亡き後の問題」は切実である。兄弟姉妹はいずれ結婚して別世帯をもつ可能性が高く、いつまでも同居というわけにはいかない。親が健在であるときから、他人と一緒に生活する体験が是非とも必要である。

　将来の生活の場合は、「親と暮らしたい」約32%、「夫婦で暮らしたい」約13%、「グループホームで暮らしたい」約13%などである。なお2014（平成26）年4月から、ケアホームはグループホームに一元化された。グループホームに入居している障害者が高齢化・重度化しても、介護サービスを受け

ながら生活を続けられる。

　現在、日中を過ごしている場所は、作業所・通所施設約46%、職場・会社約18%で、将来の希望は作業所・通所施設約44%、職場・会社約25%、自分の家約21%となっている。職場・会社という賃金につながる雇用政策が求められる。「身体障害者雇用促進法」が1987(昭和62)年の改正で「障害者雇用促進法」に改題され、知的障害者の雇用も少しずつ高まってきているが、一般の労働者に比べその比率は圧倒的に低い。2018(平成30)年の厚生労働省の「障害者雇用実態調査」によれば、知的障害者の雇用は約18万9千人で、雇用されている全障害者の約23.0%を占める。

　行政に対する要望では、「周囲の理解に努めて欲しい」約42%、「緊急時の施設利用を柔軟に認めて欲しい」約37%、「経済的援助」約35%、「相談や指導」約29%などである。どれも切実で充実が求められるが、中でも「施設の柔軟な利用」は、行政自体の「柔軟な運用」にかかっているだけに期待されるところである。

第4節　知的障害児者福祉のサービス体系

　「精神薄弱者福祉法」が1960(昭和35)年に制定及び施行されるまでの知的障害者に対するサービスは、1947(昭和22)年制定の「児童福祉法」に依拠していた。知的障害児が成長して18歳以上の知的障害者となったときの対応が課題となって、「精神薄弱者福祉法」制定の動きが活発化してきた。1960(昭和35)年3月31日に「精神薄弱者福祉法」が制定・公布され、4月1日から施行された。法律は一般的に制定と施行との間に時期的なずれがあり、この様な例は珍しい。この法律によって、精神薄弱者援護施設・精神薄弱者更生相談所・精神薄弱者福祉審議会・精神薄弱者福祉司などが規定された。

　1963(昭和38)年には重度の身体障害児をもつ作家・水上勉（みなかみ　つとむ）が、中央公論誌上に「拝啓池田総理大臣殿」を載せ、それに対し総理

大臣に代わって官房長官の黒金泰美が「拝復水上勉様―総理にかわり、『拝啓池田総理大臣殿』に答える―」という返答を寄せた。これで国の障害児者施策の貧しさが一層浮き彫りになった。

1964（昭和39）年の改正では、精神薄弱者援護施設を精神薄弱者授産施設と精神薄弱者更生施設に分け、それぞれの施設の目的を明確にした。1968（昭和43）年には精神薄弱者福祉審議会を廃止して、中央児童福祉審議会で児童・成人ともに審議することになった。

1998（平成10）年には「精神薄弱」という用語を「知的障害」に改め、法律名も「知的障害者福祉法」に変更された。「精神薄弱」という用語は、「痴呆」や「精神分裂病」と同様に著しく侮蔑的な響きがあるからである。それにしても改題に時間が長くかかったと言わざるを得ない。我が国の政府および国民の、人権意識に対する鈍感さを自覚せざるを得ない。

「身体障害者を援助し、および必要に応じて保護する」としている「身体障害者福祉法」第1条の目的と異なり、「知的障害者福祉法」は「知的障害者を援助するとともに必要な保護を」行うとしている。必要な保護とは、「生命を守り、生活を維持するための経済的・職業的およびその他の必要なすべてを含む」と解されるべきであろう。

法の対象は18歳以上の知的障害者であるが、前述のとおりその定義規定はない。療育手帳にも法的な定義はないが、1973（昭和48）年の厚生事務次官通知「療育手帳制度について」によって実施されている。手帳の交付対象者は「児童相談所または知的障害者更生相談所において知的障害者であると判定された者」である。障害の程度は「重度とその他」に分けられるが自治体により程度区分が異なる。18歳以上の場合、日常生活において常時介護を要する程度のものを重度のＡ区分・それ以外をＢ区分としているところもあり、最重度・重度・中度・軽度の4区分になっている自治体もある。交付の申請は本人または保護者が居住地を管轄する福祉事務所長（福祉事務所を設置していない町村は町村長）を経由して、都道府県知事（指定都市市長を含む）に行う。知事は児童相談所または知的障害者更生相談所の判定に基づき交付

を決定し、経由してきた機関から申請者に交付する。療育手帳には有効期限はない。しかし、手帳に「次の判定年月日」が記載されている場合、その期限を過ぎると、それまで受けていた福祉サービスが受けられなくなることがある。「次の判定年月日」の記載がある場合は、その期限までに再判定の申請手続きをしなければならない。「再判定不要」と記載されている場合は手続き不要である。

　知的障害者更生相談所には知的障害者福祉司を置かなければならない。主な機能は、障害者支援施設などへの入所等の措置、「障害者総合支援法」における介護給付費などの支給要否の決定、市町村が行う自立支援医療費の支給、市町村が行う介護給付費などの支給についての協力・援助を行うことなどとなっている。

第 5 節　精神障害者の現状

　「精神保健福祉法」第 5 条では精神障害者を「統合失調症、精神作用物質による急性中毒又はその依存症、知的障害、精神病質その他の精神疾患を有する者」と定義されている。

　2017（平成29）年の厚生労働省の調査によれば、精神障害者の総数・外来患者数・入院患者数は表10－7のとおりである。ただし、実態調査が行われていないため、医療機関を利用した精神疾患患者数を精神障害者数としてい

表10－7　精神障害者の総数・外来患者数・入院患者数

	総数（万人）	外来患者数（万人）	入院患者数（万人）
20 歳未満	27.6	27.3	0.3
20 歳以上	391.6	361.8	29.8
年齢不詳	0.7	0.7	0.0
合　　計	419.3	389.1	30.2

※厚生労働省「患者調査」（平成 29 年）より厚生労働省社会・援護局障害保健福祉部で作成
〔出典：内閣府（2020）令和 2 年版 障害者白書、p241 https://www.8.cao.go.jp/shougai/whitepaper/r02hakusho/zenbun/pdf/ref2.pdf（2021.2.15 アクセス）を元にして作成〕

る。

　人口千人あたりの人数は31人である。在宅者の割合は92％で、知的障害児者の89％、身体障害児者の98％の中間に位置するが、長期入院や社会的入院[3]の問題を考えれば、決して好ましい数字とは言えない。精神病院の中でしか生活できにくい日本社会の現実がみえてくる。「障害者自立支援法」（当時）第87条第１項の規定に基づき、障害福祉サービス等の提供体制及び自立支援給付等の円滑な実施を確保することを目的として、作成された基本指針に即して作成された都道府県・市町村の第２期障害福祉計画では、2012（平成24）年度までに、精神科病院の入院患者のうち、「受入条件が整えば退院可能な精神障害者」の解消（入院患者の3.7万人、約１割の削減）を目指すこととされた。当然これまでには見られなかった強力で具体的な取り組みが必須である。

　65歳以上の人口は約37.0％で、増加が見られるのは他の障害者と同様である。全国民の高齢化率が約28.1％（2018年度）であり、これに比し高い水準といえ、さらに2005（平成17）年の約28.6％と比較しても確実に増加している。

　2003（平成15）年に実施した「精神障害者社会復帰サービスニーズ等調査事業報告書」によれば現在、「家族と同居している」が約37％、「一人暮らし」が約18％である。その一方で、将来の希望は「一人暮らし」が約43％、「家族と同居」が約23％である。可能ならば一人暮らしをしたい反面、家族との同居がこれだけあるということは、やはり家族と過ごす安心さが実感されているからであろう。地域生活を成立させるためには、就労の場の確保、住む家、日中を活き活きと過ごせる場所、頼りになる仲間などが不可欠である。

　就労状況は「現在働いていない」が約71％で、そのうち約30％は「仕事が見つからない」という理由である。「障害者雇用促進法」の障害者雇用義務の対象に精神障害者が加わり2018（平成30）年度から施行されているが、現実の就労状況の厳しさがうかがわれる。2008（平成20）年時点で、企業で働い

ている障害者の数は約81万２千人であるが、このうち精神障害者は約20万人（7.6%）である。身体障害者は約42万３千人であり、知的障害者の約18万９千人とほぼ同じである。

　日中の過ごし方は、医療機関のデイケア・ナイトケアが約21%、作業所が約６%、地域支援センターが約４%となっている。作業所と地域支援センターを合わせても、医療機関の半数に満たない事を考えると、医療機関の保護から脱していない現実が見えてくる。

　生活上の困りごとでは、「急に病気の具合が悪くなった時の相談や対応」約25%、「近所の人との会話やつきあい」約24%、「健康管理」約23%であった。

　2017（平成29）年６月現在、在院患者の約51.0%を占め最多の統合失調症はやや減少傾向にあるが、認知症を主とする症状性・器質性精神障害が約22.3%と増加傾向にある。前述のとおり高齢化と疾病構造の変化が顕在化しつつある。それに伴って、ＡＤＬ（日常生活動作）・ＩＡＤＬ（手段的日常生活動作）への支援が必要な患者および身体の合併症をもつ患者の比率が激増し、大きな課題となっている。近年、精神科救急病棟、急性期治療病棟、老人性認知症対応疾患治療病棟などを中心に、専門病床の比率が増加している。一方これらと連動する形で、「夜間外開放病床」の比率が減少し、「終日閉鎖病床」の比率が増加しつつある。また同様に「隔離」・「身体拘束」[4]を受けている患者数およびその比率も増加傾向にある。

　入院期間は１か月未満が約8.7%、３か月未満が約18.5%と比較的短期の入院患者の比率が増大している一方で、１年以上が約17万人（６割強）、５年以上が約９万人（３割強）と、なお多数の長期在院患者が入院を継続している。世界26か国を比べても、精神病床が減らないのはわが国だけである。新しい統合失調症の人は診療所へ通い、年とった入院患者は亡くなっていくが、空いたベッドの活用に認知症の人を入れるという方法は、日本精神科病院協会の考え出したものである。その結果、認知症の人の在院日数は900日にも達している。世界の26か国の在院日数を比較しても、フランスが

6.5日、アメリカが6.9日、カナダが15.4日、ドイツが22.0日、イギリスが59.9日、我が国は298.4日（2005年患者調査「精神及び行動の障害」）である。7か国の数字は、ＯＥＣＤ　Health　Data　2008「2005年診断分類別精神及び行動の障害」による。

　2014(平成26)年４月、保護者に対する責務規定が「精神保健福祉法」から削除され保護者制度が廃止された。1900(明治33)年制定の「精神病者監護法」から延々と続けられてきた精神障害者の非自発的入院を公的責任で行う精神医療システムの構築への第一歩となるであろうか。当然、医療保護入院制度の廃止も検討されるべきであろうし、「医療法」および「精神保健福祉法」の両法を見すえた改革が求められる。

第6節　精神障害者福祉のサービス体系

　「精神保健福祉法」は、1950(昭和25)年の「精神衛生法」にさかのぼる。同法は都道府県に精神科病院の設置義務、私宅監置（座敷牢）[5]の禁止、精神衛生鑑定医制度の創設等を定めた。それにもかかわらず現在でも公立精神科病院（全体の約１割）に比べて、圧倒的に私立病院が多く（全体の約９割）、座敷牢の存在は最近までみられた現実である。欧米ではその逆に、多くは公立病院で占められている。私立の精神科病院の不祥事（金銭面・処遇面）も繰り返し起こり、目に余る事件だけが報道されている。

　1965(昭和40)年には精神障害者通院医療費公費負担制度が創設され、「障害者総合支援法」による自立支援医療に引き継がれている。1987(昭和62)年には精神病院の不祥事件続発を受けて、「精神保健法」へと大きく改正された。同法では精神障害者の入院に際して、人権に配慮した適正な医療および保護の確保、精神障害者の社会復帰の促進などが規定され、入院に際しては「措置入院」（家族も本人も同意は不要）・「医療保護入院」（家族の同意が必要）・「任意入院」（患者本人の同意が必要）と入院形態が明確にされ

た。また社会復帰施設として、精神障害者生活訓練施設と精神障害者授産施設が創設された。

　1993(平成5)年の改正では地域生活援助事業(グループホーム)・精神障害者社会復帰促進センターが追加された。同年制定の「障害者基本法」において、身体障害者・知的障害者に加えて、精神障害者が社会福祉施策の対象者として位置づけられた。

　1995(平成7)年には現法の「精神保健福祉法」へと改題され、「精神保健」、「精神医療」、「精神障害者福祉」のための特別総合法としての体裁を整えた。しかし精神障害者の地域移行、社会参加は遅々として進んでいない。

　2006(平成18)年改正では都道府県・大都市の地方精神保健福祉審議会の設置義務が外されて任意設置に変更された。

　精神障害者保健福祉手帳は知的障害者を除く精神障害者に交付される。申請は申請者の居住地を管轄する市町村長を経由して、都道府県知事(指定都市長を含む)に提出する。申請時には医師の診断書または障害年金証書の写しなどを添付する。

　手帳は1級から3級まであり、1級が重度である。3級は日常生活もしくは社会生活が、制限を受けるかまたは制限を加えることを必要とするもの、2級は日常生活が著しい制限を受けるか、または著しい制限を加えることを必要とするもの、1級は日常生活をおくることが困難なものである。判定にあたっては精神疾患の機能障害の状態と、それに伴う生活能力障害の両面から総合的に判定する。手帳の有効期間は2年間であり、2年毎に知事の認定を受ける。

　精神保健福祉センターは都道府県に設置が規定されている専門機関である。「障害者総合支援法」における自立支援医療費の支給認定や、市町村が行う介護給付費等の支給要否決定にあたり必要な援助などを行う。

　2005(平成17)年から「発達障害者支援法」が施行されている。2010(平成22)年の「障害者自立支援法」(現・「障害者総合支援法」)の一部改正に

より、障害者の定義に発達障害者が位置づけられた。発達障害は精神障害に含まれる。発達障害児は「児童福祉法」に位置づけられる。

　発達障害とは「自閉症、アスペルガー症候群その他の広汎性発達障害、学習障害、注意欠陥多動性障害その他のこれに類する脳機能の障害であって、その症状が通常低年齢において発現するものと政令で定めるもの」とされている（「発達障害者支援法」第2条）。発達障害は理解されづらい。国及び地方公共団体は、発達障害に関する国民の理解を深めるため、必要な広報その他の啓発活動を行うものとされている（同法第21条）。

　「発達障害者支援法」では、発達障害の早期発見、早期の発達支援、保育、教育および放課後児童健全育成事業（学童保育）の利用、就労支援、地域での生活支援および権利擁護ならびに家族への支援等、ライフステージにおける一貫した支援が行われるとともに、国や地方公共団体の責務が明確にされた。さらにステージからステージへの移行がスムースに行われるように継続的な支援が不可欠である。そのためには1関係者や1関係機関だけで担うことは困難であり、医療・保健・社会福祉・教育および労働などの分野の連携と協働が欠かせない。

　2002（平成14）年度より開始された「自閉症・発達障害者支援センター運営事業」は、2005（平成17）年度から「発達障害者支援法」に位置付けられ、発達障害者支援センターとして都道府県・指定都市で運営されている。発達障害児・者の地域における支援のために、社会福祉施設職員・小中学校・特別支援学校等の教職員など・福祉事務所・児童相談所・知的障害者更生相談所・保健所・医療機関・学校・職業安定所などの関係機関との連絡調整が欠かせない。

第7節　三障害共通の社会福祉のサービス体系

1．障害者総合支援法のポイント

1）障害者の範囲の見直し

制度の谷間のない支援を提供するため、障害者の定義に新たに「治療法が確立していない疾病その他の特殊の疾病であって政令で定めるものによる障害の程度が厚生労働大臣が定める程度である者」を加えた。これにより、難病患者等で病状の変動などにより身体障害者手帳を取得できない一定の障害のある人も対象になった。

2）障害程度区分を障害支援区分に変更

障害の程度（重さ）ではなく、障害者等の障害の多様な特性その他の心身の状態に応じて必要とされる標準的な支援の度合いを総合的に示す区分であることを明確にするために、障害程度区分から障害支援区分に名称を変更した。また、知的障害・精神障害の区分認定について適切な配慮や必要な措置を講ずるものとされた。

3）重度訪問介護の対象を拡大

これまで重度訪問介護の対象は肢体不自由者だけだったが、「重度の肢体不自由者その他の障害者であって常時介護を要するものとして厚生労働省令で定めるものとする」と変更した。これにより、重度の知的障害者・精神障害者が対象に加わった。

4）共同生活介護（ケアホーム）の共同生活援助（グループホーム）への一元化

今後、介護が必要な障害者のグループホームへの新規入居や、グループホーム入居後に介護が必要となるケースの増加が見込まれる。また、これまで介護が必要な人と必要のない人を一緒に受け入れる場合、グループホーム

とケアホームの２つの事業所指定が必要であった。こうした背景を踏まえ、共同生活を行う住居でのケアを柔軟に行えるよう、共同生活介護（ケアホーム）を共同生活援助（グループホーム）に一元化し、グループホームで、日常生活上の相談に加え、入浴、排せつ、食事の介助、その他日常生活上の援助を提供できるようになった。

5）地域移行支援の対象を拡大

これまで地域移行支援の対象は、障害者支援施設等に入所している障害者または精神科病院に入院している精神障害者だったが、「その他の地域における生活に移行するために重点的な支援を必要とする者であって厚生労働省令で定めるもの」を加えた。対象となる人の具体的な範囲については、保護施設・矯正施設等を退所する障害者などに拡大することとされた。

6）地域生活支援事業の追加

地域生活支援事業に、①障害者の自立した日常生活及び社会生活に関する理解を深めるための研修・啓発、②障害者やその家族、地域住民等が自発的に行う活動の支援、③市民後見人の人材の育成・活用を図るための研修、④意思疎通支援を行なう者の養成、が加わった。これにより、地域社会への働きかけの強化、地域における自発的な取り組みの支援、成年後見制度の利用促進及び意思疎通支援の強化を目指している。

7）サービス基盤の計画的整備

国が定める基本方針、市町村（都道府県）が定める障害福祉計画に、「障害福祉サービス等の提供体制の確保に係る目標」を必ず定めることとし、障害福祉計画には地域生活支援事業の種類ごとの実施に関する事項なども加えた。基本方針、障害福祉計画ともに定期的な検証と見直しを行うこととし、市町村は障害福祉計画を作成するにあたって利用者ニーズなどの把握に努めることを義務づけた。また、自立支援協議会の名称について、地域の実情に

応じて変更できるとするとともに、利用者やその家族の参画を明確化した。

2．福祉法の体系

　「障害者総合支援法」によるサービスは、自立支援給付と地域生活支援事業に分かれる。自立支援給付は介護給付費、訓練等給付費、自立支援医療費、サービス利用計画作成費、高額障害福祉サービス費、特定障害者特別給付費、療養介護医療費、基準該当療養介護医療費、補装具費等に分けられる。地域生活支援事業は、住民に身近な市町村および都道府県を中心として実施される。地域住民を対象とした研修・啓発、障害者などによる自発的活動に対する支援、相談支援、成年後見制度利用支援、コミュニケーション支援、日常生活用具6)の給付、移動支援などである。

　障害程度区分は2014(平成26)年4月から障害支援区分と改称され、6段階の区分（区分6が必要度が高い）になっている。心身の状況に関する80項目の調査を行い、市町村審査会での総合的な判定を踏まえて市町村が認定する。市町村が決定した障害支援区分の認定や支給決定に不服がある場合は、都道府県に設置された障害者介護給付費等不服審査会に審査請求することができる。

　障害の早期発見・早期療育は、障害児の社会福祉施策を効果的に推進する上で欠かすことができない。このため、1歳6か月および3歳児の健康診査が市町村に義務付けられている。1歳6か月児健康診査では、主として運動や言語を中心に、3歳児健康診査では社会的発達（対人関係）を中心に行われる。

　障害児については、都道府県および指定都市の児童相談所で相談援助が行なわれている。比較的軽易な場合には、福祉事務所（市は設置義務、町村は任意設置）に設置されている家庭児童相談室においても行うことができる。都道府県の保健所や市町村の保健センターにおいても相談援助が行なわれている。

　障害者（児）地域療育等支援事業が1996(平成8)年度から実施され、障害

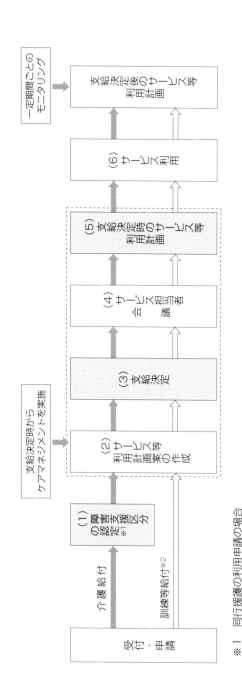

図10－1　申請からサービス利用まで（介護給付・訓練等給付）

※1　同行援護の利用申請の場合
　　障害支援区分の調査に加えて同行援護アセスメント票によるアセスメントを行います。ただ
　　し、身体介護を伴わない場合は、心身の状況に関するアセスメント、障害支援区分の一次判
　　定、二次判定（審査会）及び障害支援区分の認定は行わないものとします。
※2　共同生活援助の利用申請のうち、一定の場合は障害支援区分の認定が必要です。

〔出典：「5 利用の手続き」全国社会福祉協議会『障害福祉サービスの利用について（平成 26 年 4 月版）』pp.14-15、2014〕

198

児・者施設等の有する障害児への療育機能を地域に提供してきた。「待ちの姿勢」であった社会福祉施設の地域社会への積極的な関わりの１つであり、有効な施策として評価される。地域療育等支援事業は、「障害者自立支援法」（現「障害者総合支援法」）の施行後、2007(平成19)年度から、市町村による相談支援事業と都道府県による障害児等療育支援事業に再編された。

　発達障害児に対しては、発達障害者支援センターが相談支援・発達支援などを行う。全国で89か所（2014(平成26)年）が運営されている。

3．自立支援給付の利用手続き（申請からサービスの利用まで）
1）介護給付・訓練等給付の利用
(1)申請の手続き

　障害者本人、保護者（障害児の場合）が行う。代理人（サービス提供事業者など）の申請も可能である。申請先は申請者の居住地（生計を立てている場所）の市町村である。居住地がない場合や不定のときには、その時点で住んでいる市町村に申請する。利用者が障害者支援施設に入所している場合には、その施設に入所する前に住んでいた市町村に申請する。

(2)認定調査

　申請を受けた市町村は、まず認定調査を行う。これは指定相談支援事業者などに依頼したり、申請者が他の市町村に住んでいる場合には、その市町村に依頼することもある。認定調査は市町村の認定調査員が障害者本人、または障害児の保護者などに面接して行われる。

(3)障害支援区分の認定

　認定調査が終わったら、アセスメント調査の結果に基づいてコンピューターによる障害支援区分の一次判定が行われる。その後さらに市町村審査会によって、一次判定の結果と医師の意見書をもとに二次判定が行われる。市町村審査会は障害支援区分の判定や審査を中立・公正な立場で専門的な観点から行うための機関として市町村に設置され、その委員は市町村長によって任命された障害保健福祉の専門家によって構成されている。

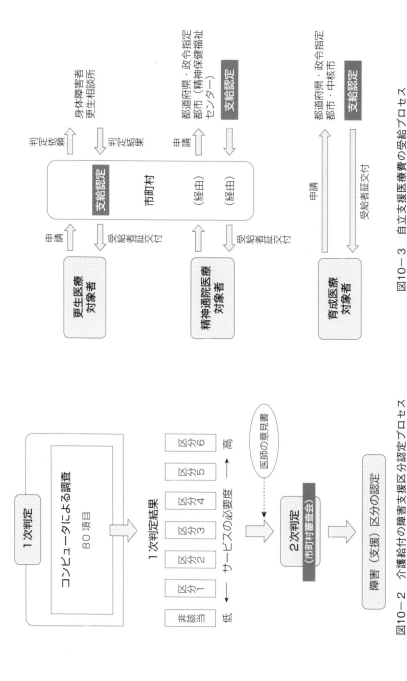

図10−2　介護給付の障害支援区分認定プロセス

図10−3　自立支援医療費の受給プロセス

[出典：高橋茂樹・成田すみれ監修　コンデックス情報研究所編著『障害者総合支援法がわかる本』成美堂出版、2013、p68（図10-2）、p73（図10-3）（一部改変）]

　なお訓練等給付を利用する場合は、介護給付とは違い認定調査が終わったら、勘案事項の調査、サービスの利用意向の聴取を経て暫定支給を行なう。暫定支給とはそのサービスが障害者にとって適切かどうかを判断するために、一定期間サービスを利用してもらうことである。サービスの効果や本人の利用意思が認められない場合は、サービスの種類の見直しやサービス提供事業者を変更して、再度確認を行う。

⑷サービス等利用計画案の作成

　市町村は利用者（サービス利用申請者）に、指定特定相談支援事業者が作成するサービス等利用計画案の提出を求める。利用者はサービス等利用計画案の作成を指定特定相談支援事業者に依頼し、市町村に提出する。サービス等利用計画案は、指定特定相談支援事業者以外の者が作成したものでも可能である。

⑸支給の決定

　市町村は提出されたサービス等利用計画案と、利用者の地域生活、就労状況、居住状況などの勘案事項を踏まえ支給を決定する。また、必要に応じて市町村審査会の意見聴取を行い、支給するかどうかを最終決定する。支給が決定した利用者には障害福祉サービス受給者証が交付される。

⑹利用の開始

　利用者は利用したい指定事業者や指定施設を選んで申し込みを行い、申し込みを受けた指定事業者・施設はサービス等利用計画案をもとに個別支援計画を立てる。利用者は指定事業者・施設とサービス利用の契約を結び、利用を開始する。

2）自立支援医療の利用

⑴申請の手続き

　申請書を申請先に提出する。

　申請先は更生医療・精神通院医療の対象となる人は市町村（精神通院医療対象者は市町村を経由して、都道府県・政令指定都市の精神保健福祉セン

ターに）、育成医療の対象となる人は都道府県・政令指定都市・中核市である。

　疾病の状況や課税状況によって利用者減免の措置が用意されているため、申請書の他に医師の診断書や世帯・所得が確認できる書類が必要な場合もある。

(2)支給認定

　給付の対象と認定されたら、利用者が指定自立支援医療機関（病院、診療所、薬局など）の中から、自分が利用する医療機関を選ぶ。

　選んだ後で医療機関を変更する場合は申請を行い、変更のための認定を受ける必要がある。

(3)受給者証の交付

　利用者に受給者証が交付される。有効期間は１年だが、一定所得以下の人や「重度かつ継続」に該当する疾病のある人は、再認定が行われる。

　交付後に、氏名の変更、住所の変更、資格の喪失、加入する医療機関の変更があった場合には、申請先に届けなければならない。

3）補装具の利用

　利用者が費用をサービス提供事業者にいったん支払い、その後市町村に請求を行って費用の払い戻しを受ける償還払いと、サービス提供事業者が利用者の代わりに支給を申請し給付を受ける代理受領の２つの方法がある。

　低所得者世帯の場合は、利用申請の手続きの際、利用者負担額の減免申請を合わせて行うことができる。市町村は支給の決定と同時に必要に応じて減免の認定を行う。

　なお代理受領の場合には、利用者は「補装具の代理受領に係る委任状」を提出する。これは補装具業者が利用者に代わって市町村に請求するために必要となるもの。

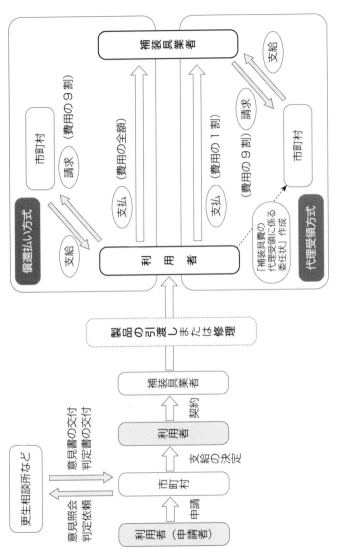

図10-4　自立支援医療費の受給プロセス

〔出典：髙橋茂樹・成田すみれ監修　コンデックス情報研究所編著『障害者総合支援法がわかる本』成美堂出版、pp74-75、2013〕

表10－8　国の障害福祉サービス等予算の推移

年度	2005	2006	2007	2008	2009	2010	2011	2012
億円	4,312	4,893	5,380	5,840	5,989	6,716	7,346	8,406
年度	2013	2014	2015	2016	2017	2018	2019	2020
億円	9,314	10,373	10,849	11,560	12,656	13,810	15,037	16,347

〔出典：厚生労働省障害保健福祉部（2021）令和３年度障害保健福祉部予算案の概要
https://www.mhlw.go.jp/wp/yosan/yosan/21syokanyosan/dl/gaiyo-11.pdf（2021.2.15アク
セス）他を元にして作成）〕

4．障害者にかかわる福祉法以外の法体系

　福祉法以外にも様々な法律が障害者について規定している。それらの法律
が全体として、障害者の福祉の向上に寄与している。

　以下に関係分野をあげると、①保健・医療関係、②年金・手当関係、③雇
用・労働関係、④税制関係、⑤交通・建築関係、⑥通信・放送関係、⑦教育
関係、⑧権利関係、⑨その他に分類される。ただし、法律だけでなく通達や
通知、地方自治体の条例等により独自に規定されているものが多々ある。地
方自治体のそれは、単独加算と呼ばれる。

5．各省庁の障害者施策等

　年金や手当、税制上の優遇措置、障害者等に対する公共交通機関や公共料
金の割引制度などがあり、障害者の社会参加や生活支援を目的とする。主な
割引や減免制度等は様々に設けられている。各割引や減免の適用を受ける場
合、公共交通機関については乗車券等の発売窓口に障害者手帳を提示する事
で割引を受けることができる。その他の利用にあたっては、各事業所の窓口
や市町村等へ問い合わせる事で、具体的な利用方法についての説明を受ける
事ができる。

　このほかに、国税である所得税、地方税である住民税、自動車税や自動車
取得税等についても、一定の要件を満たす身体・知的・精神の各障害者に対
する減免制度がある。

　国の障害福祉サービス等予算の推移を示したものが表10－8である。障害

福祉サービスが義務的経費化されたこと等に伴い、10年間で2倍以上に増加している。

注

1）聴力障害・視力障害・言語障害の三障害を有しながら、サリバン（Sullivan, A）（「奇跡の人」と呼ばれる）の指導を得て、社会福祉のみならず様々な社会活動に尽力した。来日経験もある。

2）身体障害者が装着する事により、失われた身体の一部、あるいは機能を補完するものの総称。身体障害者・身体障害児共通では、義肢・装具・座位保持装置・盲人安全つえ・義眼・眼鏡・補聴器・車椅子・電動車椅子・歩行器・歩行補助つえ（T字状・棒状のものを除く）・重度障害者用意思伝達装置が、身体障害児のみのものとしては座位保持椅子・起立保持具・頭部保持具・排便補助具がある。

3）病気は治っているのに、患者やその家族の都合などで退院しない状態。

4）入所者または他の入所者等の生命または身体を保護するための緊急やむを得ない場合において、切迫性・非代替性・一時性の全てが満たされ、しかもその要件の確認等の手続きが極めて慎重に実施されているケースに限られる。

5）障害児者等の存在を世間に知られたくないために、家の中に閉じ込めて処遇すること。

6）日常生活用具は以下の3点を全て満たすものが認められる（平成18年9月29日厚生労働省告示第529号）。

① 障害者等が安全かつ容易に使用できるもので、実用性が認められるもの。

② 障害者等の日常生活上の困難を改善し、自立を支援し、かつ社会参加を促進すると認められるもの。

③ 用具の制作、改良または開発にあたって、障害に関する専門的な知識や技術を要するもので、日常生活品として一般に普及していないもの。
具体的には、特殊寝台、特殊マット、入浴補助用具、聴覚障害者用屋内信号装置、電気式たん吸引器、盲人用体温計、点字器、人工口喉頭、ストーマ装具などが定められている。

第11章　これからの社会福祉の展望

第1節　社会福祉の現状と今後の展望

1．貧困の現状と生活問題

　2016(平成28)年に厚生労働省がまとめた「国民生活基礎調査」によると、等価可処分所得の中央値の半分の額に当たる「貧困線」に満たない世帯の割合を示す相対的貧困率は15.7％、子どもの貧困率が13.9％で、後者においては、12年ぶりに改善はしたものの、生活保護受給率は上昇し、2017(平成29)年6月のデータでは、164万811世帯と過去最多を更新し、25年連続の増加となった。

　これが財政・財源の問題へと結びつき、保護対象者の抑制や保護費の抑制、支援するケースワーカーの過重な負担とそこからくる漏救、濫救の問題がある。社会保障の充実のためと称して増税された消費増税、これらの取り組みや政策は貧困や格差を是正するどころか、さらに広げている。

2．社会福祉実践現場における現状

　福祉施設等の職員たちは、目の前の実践に日々追われ、人権や生活問題の改善という社会福祉の中核に取り組む時間的余裕や、入居者や利用者と向き合って相談に乗る時間も十分にとれない状況である。また経営面においても民間の大企業のように、広域大規模系列による合理的な経営ができる社会福祉法人、例えば病院や介護老人保健施設、特別養護老人ホームなどの施設との連携を十分発揮している法人は拡大しているが、一人ひとりの生活ニーズにあった支援を行うための地域密着型の小規模サービスは、生活相談の時間

が十分にとれないどころか制度改定と採算面から撤退を余儀なくされている。また、介護分野においても賃金の安さをはじめとする労働条件の悪さから人材が集まらない、定着しないといった現象がおき、その埋め合わせとも取られ兼ねない、失業対策による介護教育を十分に受けていない即席の人材育成による介護現場への派遣により、介護の仕事に対する負のイメージが社会的に定着し、それが進学率の低下を招き、介護分野から撤退し、代わりに看護系を中心とする医療系へ移行する大学、短期大学なども増えている。そして、施設や在宅においても必要な介護が受けられない状態となり、現在「終のすみか」とも呼ばれる特別養護老人ホームには、多くの待機者がいる。また福祉医療機構（WAM）の調査では、2018(平成30)年1月時点で全国の特別養護老人ホームの6割が人材不足に陥り、そのうち1割が受け入れ制限をしていることも判明した。

　団塊の世代の高齢化等に伴い、今後益々必要となる介護に対し、国をあげた政策的取り組みが急務であると考えているが、現在のところ明るい展望はみられない。

3．国や市町村の現状

　2のような現状に対し、国では高齢者が要介護状態になっても、住み慣れた地域で可能な限り継続して生活できるよう、「介護」「予防」「医療」「生活支援」「住まい」の5つのサービスを一体的に提供していく「地域包括ケア」を進めていくよう指針を打ち出し、それを受けて市区町村等で、高齢者福祉・介護保険事業の施策を計画的に推進するための取り組みが行われている。地域ニーズや課題の把握を踏まえた介護保険事業計画を策定し、医療と介護の連携の強化等を柱とし、日常生活圏域（30分でかけつけられる圏域）ごとに、24時間対応の定期巡回・随時対応型訪問介護看護や、複数の居宅サービスや地域密着型サービスを組み合わせて提供する複合型サービスを創設することなどを推進することを奨励している。

4．社会福祉教育現場における現状

　大学や専門学校等の社会福祉教育現場では、国の補助金の削減により、事務職員等の削減を行い、その負担が教員にもかかり、大学の運営管理にかかわる時間も増え、一人ひとりの学生に十分向き合った教育活動や研究活動の時間がとれない状態となってきている。また、家庭の経済問題より、深夜までのアルバイトを余儀なくされ、出席が足りなくなる、学費が払えないなどといった理由で中退する学生も年々増えている。

　社会福祉分野の代表的な国家資格である社会福祉士については、2017（平成29）年3月末の段階で、登録者数が20万1,433人、職能団体である日本社会福祉士会の会員数も3万9,345人となり、社会福祉士の活躍の場である職域についても、地域包括支援センターや刑務所、刑務所出所者の支援を行う地域生活定着センター、独立型社会福祉士事務所と広がり、さらにはスクールソーシャルワーカーや、コミュニティ・ソーシャルワーカーとしての活躍が期待されている。2015（平成27）年の4月に施行された「生活困窮者自立支援法」では、その成立に際しての衆議院の付帯決議でも必須事業である自立相談支援事業を行うにあたり、「社会福祉士等の支援業務に精通する人員を十分に配置すること」という文言が盛り込まれた経緯がある。

　このように職域が拡大していくなかで、社会福祉士の養成課程を修了し、受験資格を得た学生の合格が3割に満たないことは、養成教育の現状と国家資格の乖離を示し、養成課程での単位認定が甘すぎるのか、社会福祉士の試験問題が難しすぎるのか、それとも他に問題があるのか検討していく必要があると考える。

第2節　社会福祉の課題と将来

1．認知症事故のケースに見る社会福祉の課題

　2007（平成19）年に、愛知県大府市で認知症の男性（当時91歳）が、徘徊中

に列車と接触した死亡事故により、ＪＲ東海に振り替え輸送などの損害が出たとして、名古屋地裁は2013（平成25）年８月、遺族に対して約720万円の賠償を命じた。2014（平成26）年４月の名古屋高裁判決では、遺族の賠償額を360万円として、一審判決から半減されたが、ＪＲ東海は、それを不服として最高裁に上告した。今回、鉄道会社に損害が出たことに対して、認知症の男性には責任能力がないことから、介護者である家族の監督義務者としての責任とＪＲ等鉄道会社の駅の監視やホームの安全対策の不備が論点になった。

　この判決に対する報道は、介護者である家族と鉄道会社の争いとして描かれているが、施設福祉から"住み慣れた地域社会のなかでの在宅福祉へ"という国の施策のなか、国や地域社会を含む社会全体としての役割と責任、連携のあり方などを検討していくことが課題として不可欠である。

２．地域から創り出す福祉

　これからの福祉実践は、国や行政による制度・政策に基づいた支援だけでなく、制度や政策だけでは対応できない問題に対して地域に住む私たちが、何を考え実践していくかが大切である。その取り組み例として大阪府豊中市で、地域の力を引き出しながら住民の問題解決に取り組んでいる豊中市社会福祉協議会の勝部麗子さんの活動について紹介する。

「制度のはざま」でＳＯＳを出せぬ人住民が支えていく

　社会福祉協議会を中心に地域のチカラを引き出し、住民と一緒に、ごみ屋敷や引きこもりなど「制度のはざま」といわれる問題で苦しむ人たちを助ける。そんな取り組みで注目されている自治体がある。大阪市の北40万のベットタウン大阪府豊中市。無縁社会といわれるなか、なぜ住民たちは動くのか。先頭に立つコミュニティソーシャルワーカー（CSW）の勝部麗子さんに聞いた。

―「コミュニティソーシャルワーカー」というのは聞き慣れない言葉です。「ソーシャルワーカー」と何が違うのですか。

「福祉には、介護保険や生活保護など法律や制度に基づくいろいろなサービスがあります。しかし、どれにもあてはまらず、網の目からこぼれてしまう問題があります。『制度のはざま』と呼ばれ、話題になっている認知症の方の徘徊による行方不明やごみ屋敷、引きこもり、孤独死などがこれに当たります。役所に相談しても、担当する課もありません。だからSOSを出せず、苦しんでいる。そんな人たちをコミュニティ（地域）の住民と一緒に発見し支えていくのが私たちの仕事です」

―地域の人たちと一緒にというのがポイントですね。

「自分からSOSを出せないので、こちらから見つけないといけません。そこで地域のチカラが必要になります。土台は38の小学校区ごとにある福祉委員会です。PTAなど様々な団体から選出された人や民生委員、ボランティア登録した個人らで構成され、1校区平均200人くらいいます。各委員会に『福祉なんでも相談』の窓口を置いてもらっています。独り暮らしの高齢者の見守りや子育てサロンなどを通じて、『あそこの家の人、困っているようだよ』と情報が寄せられることもあります」

―1校区200人もですか。

「すそ野を広げるためにきめ細かくボランティア研修会を開いています。ある校区でボランティア募集のアンケートを全戸に配ると、120人から『協力したい』と回答がありました。無縁社会といわれますが、『できる範囲でなら地域のために何かしたい』という方は意外に多いというのが実感です」「福祉委員会は豊中独自の組織として以前からありましたが、かつては個人を支援する組織にはなっていませんでした。地域の各種団体の長が名前を連ねていましたが、活動といえば年に何回かイベントをするときに集まるくらいでした。」

―なぜ変わったのですか。

「1995年の阪神淡路大震災がきっかけです。豊中市でも死者11人、全半壊4,992棟の被害が出ました。ほとんどの福祉委員は何も対応できませんでしたが、見守り活動をはじめていたいくつかの校区は、独り暮らしの高齢者の安否確認や救助が素早くできました。支援の必要な人が地域のどこにいるか、住民が知っていたからです。こうしたやり方を広げるしかないと思い、震災の翌年から働きかけを始めました」

―「どうして住民がやらなきゃいけないんだ」という反発は出ませんでしたか。

「最初のころは『福祉は行政の仕事だ』とか『素人に相談を受けさせるのか』とか言われました。しかし、震災の体験から『地域のつながりは大切だ』と思う人もいて、徐々に共感が広がりました。全ての校区が主体的に動き出すには、それでも5年かかりました」

―はじめから「制度のはざま」の人たちが支援の念頭にあったわけではないのですね。

「ごみ屋敷や引きこもりの人がこれほど多いのか、とわかったのは2000年ごろ。福祉

委員会が本格的に動き出してからです。でも、全てを住民に背負ってもらうわけにはいかない。そこで04年から社協に配置されたのがＣＳＷです」

「ＣＳＷがまず、自分が抱えている問題を話してもいいと、相手に思ってもらえる関係づくりから始めます。ほとんどの場合、『放っておいてくれ』と拒まれます。会えないとき、名刺の裏に『心配しています。連絡ください』とドアにはさんで帰ります。去年、私は500枚はさみました。２年通ってやっと話をしてもらえた40代の引きこもりの方もいます」

—ごみ屋敷の住人に対しては、「社会常識が足りない。わがままな人」と思っている人が多いのではないですか。」

「高齢で体力が弱ったり、身体、精神、知的に障害があったりする人もいます。親しい家族を亡くした喪失感から心の時計が止まってしまい、片付けができなくなる人もいます。何よりごみが何年もたまるというのは、その間、だれも訪ねる人がいなかった証しで、ごみ屋敷は社会的孤立の象徴といえるかも知れません。周りから『困った人』といわれている人は、その人自身が『困っている人』と考えてほぼ間違いありません。ある高齢者の方から『話を分かってくれる人にもう出会えると思わなかった』と聞いたときは、孤立感の深さに言葉がでませんでした。自己責任を問えるケースはごく少ないと感じています」「確かに、近隣の住民と対立関係にある人が多いのは事実です。だからこそ、片付けの際には、協力いただける住民のボランティアで参加してもらっています。ＣＳＷだけでなく、同じ住民が汗を流している姿を目にすると、いわゆる排除の側に立っていた方に変化がおきるんですね。もともと排除が好きという人はいません。遠巻きに見ていた人が片付けの輪に加わってくれたりする。このなると『出て行け』とはなりません。地域で再び孤立させないためにも、周囲の人の協力はとても大切です。おかげで、これまで対応した260件のうち、元に戻ったケースはほとんどありません」「ごみは市の環境部が焼却場まで運んでくれます。本人に負担してもらう処理費用は45リットルのごみ袋あたり170円。100袋でも１万７千円ですみます。市と連携して役割分担をルール化しました。他の問題でも、行政と連携した新たなルールや仕組みをいろいろつくっています。例えば若年性認知症の方が孫を連れて行方不明になったケースを教訓にＣＳＷを中心に地域ぐるみで捜す徘徊ＳＯＳメールのネットワークを立ち上げました。700人を超す人が登録し、2.3時間で見つかるケースも出てきました」

〔2014(平成26)年６月18日・朝日新聞〕

　地域の問題を発見し、地域住民一人ひとりをサポートしていく仕組を住民とともに考え創り上げていくことで、より大きな地域の力を引き出すことができると勝部さんは述べている。

3. 今後の課題と将来

1）平和と福祉の関係について

　社会福祉と平和は切っても切れない関係があり、この2つは「日本国憲法」の基軸でもある。そのなかで注目すべきこととして、「国際貢献」という名の下で、「集団的自衛権」を容認する解釈改憲と海外での戦争問題、武器輸出を全面的に禁じていた「武器輸出3原則」の撤廃、武器輸出を包括的に推進する「防衛装備移転3原則」などがある。これにより日本が戦争に巻き込まれることにでもなれば、戦後の福祉3法制定時のような社会問題も起こりかねない。雨宮処凛は、自衛隊が海外で戦うようになれば戦場を舞台にした「貧困ビジネス」も生まれるのではという危惧を持っている。雨宮のいう戦場を舞台にした貧困ビジネスとは、例えば、アメリカのように民間人が民間軍事会社のもと、戦場で食事つくりや洗濯を行うなどの危険と隣合わせでの新しいビジネスを指す。また、自衛隊が戦場に行くことになり、退職者が続出し、その穴埋めとしての仕事についていない貧困者などに白羽の矢を立てていくとも限らない。また韓国のように徴兵制が敷かれないとも限らない。

　戦争が人々の生活を崩壊させ、いかに多くの幸せを奪っていったかは、わが国の戦中・戦後の状況は勿論、国際社会のなかでの紛争地域とそこで暮らす人たちの生活を見ても明らかである。

2）ソーシャルワーカー並びに住民としての今後課題

　「社会保障・税一体改革」による消費税増税が行われたが、社会保障は当初の目的に反し抑制され、貧困と格差が広がっている。しかし、この現状を官僚や政治家だけの責任にするのではなく、私たち一人ひとりにも問題や責任がないかを検討していく必要がある。湯浅誠が、その著書『ヒーローを待っていても世界は変わらない』で述べているように、私たちが「おまかせ民主主義」になってはいないかを考えてみる必要がある。私たちが私たちの手で、問題解決・社会変革のためのソーシャルアクションを起こさないこと

には、待っていても期待する状況にはならないだろう。一人ひとりがそれぞれの役割、立場、そして能力、人脈などを生かして、本来あるべき姿、目指すべき社会を実現することが、ソーシャルワーカー並びに私たち、そこに住む住民一人ひとりの課題であると考えている。

参考文献

第1章

小田兼三他編著『社会福祉概論　第4版』勁草書房（2016）

硯川眞旬他編著『学びやすい社会福祉概論』金芳社（2006）

厚生労働統計協会編『国民の福祉と介護の動向2018/2019』厚生労働統計協会（2019）

社会福祉の動向編集委員会編『社会福祉の動向2020』中央法規出版（2020）

厚生労働省編『厚生労働白書（令和2年版）』日経印刷（2020）

第2章

第2節

社会福祉士養成講座編集委員会編集『新社会福祉士養成講座第4巻　現代社会と福祉（第
　　　　　4版）』中央法規出版（2014）

井村圭壯・今井慶宗編著『社会福祉の形成と展開』勁草書房（2019）

井村圭壯・今井慶宗編著『社会福祉の拡大と形成』勁草書房（2019）

第3章

松井圭三他編『21世紀の社会福祉政策論文集』ふくろう出版（2009）

松井圭三他編『社会保障論』大学図書出版（2014）

厚生労働統計協会編『福祉と介護の動向』厚生労働統計協会（2020）

厚生労働統計協会編『医療と年金の動向』厚生労働統計協会（2020）

『社会福祉の動向』中央法規出版（2020）

松井圭三編『改訂新版よくわかる社会福祉概論』大学教育出版（2017）

国立社会保障・人口問題研究所編『社会保障統計年報』各年度版

総務省編『地方財政白書』各年度版

内閣府編『経済財政白書』各年度版

第4章

厚生労働省『令和2年版厚生労働白書—令和時代の社会保障と働き方を考える—』
　　　　　（2020）

厚生労働統計協会『厚生の指標　増刊　国民の福祉と介護の動向2020/2021（第67巻第10
　　　　　号）』（2020）

西村昇・日開野博・山下正國編『社会福祉概論　その基礎学習のために　5訂版』中央法規
　　　　　出版（2013）

梅方久仁子著『福祉・介護の資格と仕事　やりたい仕事がわかる本』技術評論社（2013）

木村朋子著『しごと場見学！―保育園・幼稚園で働く人たち』ぺりかん社（2012）

松田尚之著『しごと場見学！―介護施設で働く人たち』ぺりかん社（2011）

一番ヶ瀬康子著『新・社会福祉とは何か　現代の社会福祉Ｉ　第３版』ミネルヴァ書房
　　　　（2007）

第５章

岡本民夫・小田兼三『社会福祉援助技術総論』ミネルヴァ書房　1990年４月１日

メアリー・リッチモンド/小松源助（訳）『ソーシャル・ケース・ワークとは何か』中央
　　　　法規　1991年５月１日

フェリックス・Ｐ．バイステック/尾崎新・福田俊子・原田和幸（訳）『ケースワークの原
　　　　則』誠信書房　2006年３月10日

大利一雄『グループワーク　理論とその導き方』勁草書房　2003年10月20日

岩間伸之・白澤政和・福山和女（編著）『ソーシャルワークの理論と方法〈１〉
　　　　（MINERVA社会福祉士養成テキストブック）』ミネルヴァ書房　2010年６月
　　　　１日

岩間伸之・白澤政和・福山和女（編著）『ソーシャルワークの理論と方法〈２〉
　　　　（MINERVA社会福祉士養成テキストブック）』ミネルヴァ書房　2010年５月
　　　　１日

松井圭三・今井慶宗（編著）『現代社会福祉概説　改訂版』第５章　ふくろう出版　2019
　　　　年４月１日

第６章

金澤誠一『公的扶助論』高菅出版（2004）

成清美治・高間満・岡田誠『新版公的扶助』学文社（2006）

内藤俊介「生活保護の現状と課題：より公正、公平な生活保護制度の構築に向けて」『立
　　　　法と調査』No.331、参議院事務局（2012）

社会福祉の動向編集委員会『社会福祉の動向2013』中央法規出版（2013）

厚生労働省社会・援護局保護課「連載第１回　改正生活保護法逐条解説」『生活と福祉』
　　　　８月号、全国社会福祉協議会（2014）

志村久仁子「貧困・低所得者と貸付」日本社会福祉学会事典編集委員会『社会福祉学事
　　　　典』丸善出版（2014）

岡部卓編著「生活困窮者自立支援ハンドブック」中央法規出版（2015）

第7章

相澤讓治編『新版　保育士をめざす人の社会福祉』みらい（2005）

厚生省『厚生白書（昭和50年度版）』

厚生省『厚生白書（昭和31年度版）』

高島進『社会福祉の歴史—慈善事業・救貧法から現代まで—』ミネルヴァ書房（1995）

「民生委員制度の100年を振り返る」第766号　民生委員・児童委員のひろば　2017（平成29）年4月1日

賀川豊彦『死線を越えて』社会思想社（1988）

田代国次郎・菊池政治編著『日本社会福祉人物史（下）』相川書房（1989）

内閣府『少子化社会対策白書（平成30年版）』

「第15回出生動向基本調査（結婚と出産に関する全国調査）」国立社会保障・人口問題研究所（2015）

厚生労働省Webサイト「児童虐待防止対策の強化に向けた緊急総合対策」児童虐待防止対策に関する関係閣僚会議（平成30年7月20日）

https://www.mhlw.go.jp/content/11900000/000335813.pdf（2018.12.7アクセス）

一般社団法人厚生労働統計協会『国民の福祉と介護の動向2018/2019』（2018）

厚生労働省『厚生労働白書（平成30年版）』

第8章

厚生労働省HPwww.mhlw.go.jp

流石智子（監）・浦田雅夫（編）『知識を生かし実力をつける子ども家庭福祉』（第3版）保育出版社（2016）

小宅理沙・西木貴美子・野尻美津代「保健・医療における現状と課題」井村圭壯・今井慶宗（編）『障がい児保育の基本と課題』学文社（2016）

乳幼児健康診査の実施と評価ならびに多職種連携による母子保健指導のあり方に関する研究班『標準的な乳幼児期の健康診査と保健指導に関する手引き』（2012）

第9章

岡崎強・野口典子・水谷俊夫編『新選・高齢者福祉論一部改訂』みらい（2008）

介護支援専門員実務研修テキスト作成委員会編集『介護支援専門員実務研修テキスト四訂』財団法人長寿社会開発センター（2009）

杉本敏夫・四方克尚『ケアマネジャーの仕事—基礎とスキルアップ—』朱鷺書房（2002）

津田耕一『利用者支援の実践研究—福祉職員の実践力向上を目指して—』久美株式会社（2008）

濱田健士『みまもり家族制度——一人暮らしのお年寄りをサポートします—』講談社
　　（2009）

松井圭三　編著『改訂新版よくわかる社会福祉概論』大学教育出版（2010）

松井圭三・小倉毅編著『社会福祉概論（改訂2版）』ふくろう出版（2013）

松本峰雄・小野澤昇　編著『はじめて学ぶ社会福祉』建帛社（2014）

三菱UFJリサーチ＆コンサルティング『地域包括ケア研究会報告書』厚生労働省（2010）

厚生労働省『介護療養型医療施設及び介護医療院（参考資料）』社会保障審議会介護給付
　　費分科会第143回参考資料3（2017）

厚生労働省『介護老人保健施設（参考資料）』社会保障審議会介護給付費分科会第144回
　　参考資料2（2017）

厚生労働省『介護サービス基盤整備について（参考資料）』社会保障審議会介護保険部会
　　（第81回）参考資料2（2019）

厚生労働省『介護分野をめぐる状況について』社会保障審議会介護給付費分科会第176回
　　参考資料1（2020）

西村健一郎・岩村正彦編『社会保障判例百選』有斐閣（2008）

加藤智章・菊池馨実・倉田聡・前田雅子『社会保障法（第5版）』有斐閣（2013）

社会福祉士養成講座編集委員会編『新社会福祉士養成講座　社会保障（第4版）』中央法
　　規出版（2014）

第10章

精神保健白書編集委員会『精神保健白書2014年版　歩み始めた地域総合支援』中央法規出
　　版（2014）

社会福祉士養成講座編集委員会編著『新・社会福祉養成講座　障害者に対する支援と障害
　　者自立支援制度（第4版）』中央法規出版（2014）

社会福祉士養成講座編集委員会編著『新・社会福祉士養成講座　資料編』中央法規出版
　　（2017）

内閣府編集『平成30年版障害者白書』（2018）

コンデックス情報研究所編著『障害者総合支援法がわかる本』監修　高橋茂樹　成田すみ
　　れ（2013）

編著者略歴

松井　圭三（まつい　けいぞう）
　中国短期大学総合生活学科生活福祉コース 教授
　岡山大学医学部非常勤講師
　主著：松井圭三他編著『NIE介護の基本演習』大学教育出版　2019年
　　　　松井圭三他編著『NIE家庭支援論演習』大学教育出版　2018年
　　　　松井圭三単著『21世紀の社会福祉政策論文集』ふくろう出版　2009年
　　　　　等　著書多数
　執筆担当　第1章，第3章

今井　慶宗（いまい　よしむね）
　関西女子短期大学 保育学科 准教授
　関西福祉科学大学非常勤講師
　藍野大学短期大学部非常勤講師
　主著：今井慶宗共著『相談援助概説』ふくろう出版　2013年
　　　　今井慶宗共著『学びを追究する高齢者福祉』保育出版社　2013年
　　　　今井慶宗共著『総合福祉の基本体系（第2版）』勁草書房　2013年
　　　　　等　著書多数
　執筆担当　第2章第2節，第9章第4節

執筆者紹介（執筆順）・執筆分担

　小宅　理沙（同志社女子大学）第2章第1節，第8章
　名定　慎也（中国短期大学）第4章
　田岡紀美子（滋賀文教短期大学）第5章
　横山　順一（至誠館大学）第6章
　小倉　　毅（兵庫大学）第7章
　藤田　　了（大阪国際大学）第9章第1節，第2節，第3節
　竹内　公昭（NPO法人　びぃ　あらいぶ（指定障害福祉サービス事業所））第10章
　伊藤　秀樹（兵庫大学）第11章

現代社会福祉要説

2021 年 4 月 1 日　初版発行

編著者　　松井　圭三・今井　慶宗

発　行　　ふくろう出版
　　　　　〒700-0035　岡山市北区高柳西町 1-23
　　　　　　　　　　　友野印刷ビル
　　　　　TEL：086-255-2181
　　　　　FAX：086-255-6324
　　　　　http://www.296.jp
　　　　　e-mail：info@296.jp
　　　　　振替　01310-8-95147

印刷・製本　　友野印刷株式会社
ISBN978-4-86186-806-1 C3036　©2021

定価はカバーに表示してあります。乱丁・落丁はお取り替えいたします。